국내 최초로 빅데이터 분석기술을 이용한

연차휴가 운영과 노무관리

국내 최초로 빅데이터 분석기술을 이용한
연차휴가 운영과 노무관리

제1판 제1쇄 인쇄 2020년 06월 05일
제1판 제1쇄 발행 2020년 06월 16일

지은이 이민석, 이경복 **발행인** 조헌성 **발행처** (주)미래와경영
ISBN 978-89-6287-212-5 13320 **값 22,000원**
출판등록 2000년 03월 24일 제25100-2006-000040호
주소 (08590) 서울특별시 금천구 가산디지털1로 84, 에이스하이엔드타워 8차 1106호
전화번호 02) 837-1107 **팩스번호** 02) 837-1108
홈페이지 www.fmbook.com **이메일** fmbook@naver.com

■ 좋은 책은 독자와 함께합니다.
책으로 펴내고 싶은 소중한 경험이나 지식, 아이디어를 이메일 fmbook@naver.com로 보내주세요.
(주)미래와경영은 언제나 여러분께 열려 있습니다.

국내 최초로 빅데이터 분석기술을 이용한

연차휴가 운영과 노무관리

이민석, 이경복 지음

미래와경영

Prologue

People Analytics 라는 용어는 한 번쯤 들어봤을 것이다. 구글의 전前 인사담당 수석부사장인 라즐로 복Laszlo Bock이 쓴 〈구글의 아침은 자유가 시작된다〉라는 책에서 잠깐 언급이 되었다. 2015년에 한글판으로 출간되어 그 당시 많은 사람들이 구글의 독특한 인사·조직문화를 엿볼 수 있었고, 국내에선 불모지나 다름없는 HR Analytics에 대해 많은 관심을 갖게 되었다.

저명한 인사전략 컨설턴트 조쉬 버신Josh Bersin도 인적자원보고서에서 앞으로 고급분석기능을 갖춘 디지털 기술과 사고방식이 필요하다고 하였고, 딜로이트에서 나온 최근 보고서에도 HR 분야의 가장 중요한 요소가 될 것이라고 하였으니 국내 HR도 4차산업 혁명의 소용돌이를 피해 갈 수 없게 되었다. 그것이 가능하게 된 것은 IT 기술의 발달과 빅데이터의 폭발적 증가 때문이라고 할 수 있다.

2000년 초에 필자가 활동했던 국내 유명한 비주얼베이직 사이트가 있었다. 그 당시에 회원이 많이 물어보는 사항을 분류하고 정리해서 올렸었는데 사이트 운영자가 정리가 잘되었다며 포털에 게시했던 기억이 난다. 그때는 인터넷 카페가 활성화되기 전이라 데이터도 많지 않아서 정리하는 데 많은 시간이 소요되지는 않았다.

그 후로 시간이 흘러 방대한 양의 빅데이터가 축적되어 있는 '인사쟁이 카페'를 보면서 그동안 이곳에서 어떤 일이 일어나고 어떤 질문을 많이 했는지 분석하여 국내

HR 트렌드를 정리하면 인사노무 입문자들한테 좋은 길라잡이가 될 것이라는 생각을 했다.

그러나 아이디어는 좋았지만 N사는 최고의 회사답게 보안이 철통 같아서 데이터를 추출하는 게 쉽지가 않았다. '복사 & 붙여넣기'도 막혀 있는 상태에서 십여 년간의 데이터를 일일이 하나씩 보면서 워드로 타이핑해서 옮기는 것은 더욱 무모한 짓이었기 때문이다.

이처럼 불가능할 것 같았던 일도 끊임없는 도전과 2년간의 집요한 배움으로 극복할 수 있게 되었다. 파이썬으로 제작한 크롤러가 딥러닝 서버에서 48시간 돌면서 십년간의 데이터를 자동으로 추출하는 걸 보고 놀라운 경험을 하게 되었다.

이번에 나온 책은 국내 대표 인사쟁이 포털에서 추출한 빅데이터를 기반으로 인사노무급여 등 전 분야에 걸쳐 많이 질문하고 최근의 이슈 위주로 전처리해서 나온 결과물이라고 보면 된다. 앞서 나온 〈인사노무 지식 백과사전 I, II〉은 이렇게 탄생하였고, 이번 책은 인사쟁이 카페에서 가장 많이 질문한 '연차휴가'만으로 구성하였다.

일반적으로 데이터 전처리가 가장 힘들고 어려운데, HR 분야는 데이터 추출이 가장 어렵다는 것을 느낀 계기가 되었다.

복잡다단한 과정을 통해 나온 이 책은 단언컨대 실무자에게 많은 도움이 될 것이다.

'독만권서 행만리로讀萬券書 行萬里路'

만권의 책을 읽고 만리를 걷는다는 뜻으로 명나라 서예가 동기창董其昌이란 사람이 서화에서 향기가 나려면 많이 읽고, 많이 걸어야(보아야) 한다고 하였다.

많이 읽고, 많이 걷기(보기) 위해서는 어떻게 해야 하는지 생각을 해 보니 오래전에 읽은 〈다산선생 지식경영법〉이란 책에서 그 답을 찾을 수 있었다.

"배우는 사람에게 큰 병통이 세 가지 있다.

첫째, 외는 데 민첩한 사람은 소홀한 것이 문제다. 둘째, 글짓는 것이 날래면 글이 들떠 날리는 게 병통이지. 셋째, 깨달음이 재빠르면 거친 것이 폐단이다. 대저 둔한

데도 계속 천착하는 사람은 구멍이 넓게 되고 막혔다가 뚫리면 그 흐름이 성대해진단다. 답답한데도 꾸준히 연마하는 사람은 그 빛이 반짝반짝하게 된다. 천착은 어떻게 해야 할까? 부지런히 해야 한다. 뚫는 것은 어찌하나? 부지런히 해야 한다. 연마하는 것은 어떻게 할까? 부지런히 해야 한다. 네가 어떤 자세로 부지런히 해야 할까? 마음을 확고하게 다잡아야 한다."

황상, <임술기壬戌記>, <치원유고>(황상의 문집)

다산이 황상에게 써준 글이다. 부지런하고 부지런해라. 그러면 못할 것이 없다.

복사뼈가 세 번 구멍 나고 벼루가 여러 개 밑창 나도록 노력하고 또 노력하라는 다산의 말을 되새기며 필자도 삼근계三勤戒를 좌우명으로 삼아 더욱 매진하겠다.

아울러, 이 책이 나오기까지 도움을 주신 노무사님에게 감사를 드리고, 몇 개월간 주말을 반납해가며 고생한 필자에게도 박수를 보낸다.

CONTENTS

PART 02 계속 근로 연수

01. 계속 근로 연수가 1년 미만인 경우

02. 계속 근로 연수가 1년 이상인 경우

PART 03 근로자 시기지정 및 변경 등

01. 시기지정 및 시기변경

02. 휴일과 중복

PART 04 연차수당, 연차휴가촉진 등

01. 연차휴가 부여

02. 연차수당 정산

03. 연차휴가 대체

04. 연차수당과 임금

05. 연차휴가 사용 촉진

06. 연차휴가 기산일

07. 가산휴가

08. 유형별 연차휴가

PART 01

연차 발생 요건

01

소정근로일수

연차 유급휴가 부여 시 소정근로일수, 출근율 및 휴가 일수 산정방법

사례

Q 연차 유급휴가 부여 시 소정근로일수, 출근율 및 휴가 일수의 산정은 어떤 방법으로 하나요?

A ■ 출근율 계산

연차 유급휴가는 1년간 80% 이상을 출근한 근로자에게 15일의 휴가가 부여됩니다.

$$\frac{\text{출근일}^{※}}{\text{소정근로일수}^{※}} \times 100\% \geq \text{출근율 } 80\%$$

※ 출근일

원칙은 정상적으로 출근하여 근무한 날로 다음의 경우 출근한 것으로 간주함(근로기준법 제60조 제6항)

- 근로자가 업무상의 부상 또는 질병으로 휴업한 기간
- 임신 여성근로자의 출산전후휴가 및 유사산휴가기간
- 남녀고용평등법에 따른 육아휴직으로 휴업한 기간

※ 소정근로일수

원칙은 1년 365일에서 법령 또는 약정에 의한 휴일(주휴일, 근로자의 날, 약정휴일)을 제외한 근로제공의무가 있는 날로 다음의 경우 특별한 사유로 근로제공의무가 정지된 것이므로 소정근로일수에서 제외함(근기 68207-402, 2002.01.29.)

- 사용자의 귀책사유로 인한 휴업기간
- 적법한 쟁의행위기간
- 기타 위 기간에 준하는 것으로 해석할 수 있는 날 또는 기간

■ 특별한 사유로 근로제공의무가 정지된 경우 연차 유급휴가 산정방법

<예시>

회사의 경영상 사정으로 100일을 휴업한 경우 2년차 직원에게 발생하는 연차휴가는?(연간 총소정근로일수는 244일, 출근율 80% 이상 간주)

$$15일 \times \frac{244일 - 100일}{244일} = 8.85일$$

판례 및 행정해석

■ 연차 유급휴가 부여 시 사용자의 귀책사유로 인한 휴업기간, 적법한 쟁의행위기간 등 특별한 사유로 근로제공의무가 정지되는 날(기간)은 소정근로일수 계산에서 제외되며, 근로기준법 제60조 제1항에 따른 연차 유급휴가(1년간 80% 이상 출근 시 15일)는 사용자의 귀책사유로 인한 휴업기간, 적법한 쟁의행위기간 등을 제외한 나머지 소정근로일수의 출근율에 따라 산출된 일수에 당해 사업장의 연간 총소정근로일수에 대한 위의 나머지 소정근로일수 비율을 곱하여 산정합니다.

$$15일 \times \frac{연간\ 총소정근로일수 - 특별한\ 사유로\ 근로제공의무가\ 정지된\ 일수}{연간\ 총소정근로수일수}$$

또한, 근로기준법 제60조 제2항에 따른 연차 유급휴가(계속 근로기간 1년 미만 또는 1년간 80% 미만 출근한 경우 1개월 개근 시 1일씩)는 1개월간 사용자의 귀책사유로 인한 휴업기간, 적법한 쟁의행위기간 등을 제외한 나머지 소정근로일수를 개근하였다면 1일의 연차 유급휴가를 부여

하여야 합니다.

예를 들어 1개월간 소정근로일 20일 중 적법한 쟁의행위기간이 10일인 경우 적법한 쟁의행위기간을 제외한 나머지 소정근로일(10일)을 개근하였다면 제60조 제2항에 따른 연차 유급휴가 1일을 부여하여야 하며, 월간 총소정근로일수(20일)에 대한 나머지 소정근로일수(10일) 비율을 곱하여 연차 유급휴가(0.5일)를 부여하는 것은 아니라고 할 것입니다(근로기준정책과-8676, 2018.12.28.).

■ 근로기준법 제60조 제1항은 연차 유급휴가에 관하여 '사용자는 1년간 8할 이상 출근한 근로자에게 15일의 유급휴가를 주어야 한다.'고 규정하고 있는데, 이는 근로자에게 일정기간 근로의무를 면제함으로써 정신적·육체적 휴양의 기회를 제공하고 문화적 생활의 향상을 기하려는 데 취지가 있다. 이러한 연차 유급휴가는 근로자가 사용자에게 근로를 제공하는 관계에 있다는 사정만으로 당연히 보장받을 수 있는 것이 아니라, 1년간 8할 이상 출근하였을 때 비로소 부여받을 수 있는 것이므로 다른 특별한 정함이 없는 이상 이는 1년간의 근로에 대한 대가라고 볼 수 있고, 근로자가 연차 유급휴가를 사용하지 못하게 됨에 따라 사용자에게 청구할 수 있는 연차휴가수당은 임금이라고 할 것이다.

여기서 근로자가 1년간 8할 이상 출근하였는지는 1년간의 총 역일曆日에서 법령, 단체협약, 취업규칙 등에 의하여 근로의무가 없는 날로 정하여진 날을 제외한 나머지 일수, 즉 연간 근로의무가 있는 일수(이하, '연간 소정근로일수'라고 한다.)를 기준으로 그중 근로자가 현실적으로 근로를 제공한 날이 얼마인지를 비율적으로 따져 판단하여야 하고, 연간 소정근로일수는 본래 사용자와 근로자 사이에 평상적인 근로관계, 즉 근로자가 사용자에게 근로를 제공하여 왔고 또한 계속적인 근로제공이 예정되어 있는 상태를 전제로 한 것이다(대법 2011다4629, 2013.12.26.).

소정근로일수 및 출근 여부 판단기준

사례

Q 연차 유급휴가를 부여하는 기준인 소정근로일수 및 출근 여부 판단기준이 어떻게 되나요?

A 다음의 사항을 참고하면 됩니다.

■ 연차 유급휴가 부여를 위한 소정근로일수 및 출근 여부 판단기준(근로기준과-3296, 2009.09.01.)

구분	포함 여부	
	소정근로일수	출근일
근로기준법 주휴일, 근로자의 날	×	×
취업규칙 또는 단체협약 등에 의한 약정휴일	×	×
사용자의 귀책사유로 인한 휴업기간	×	×
적법한 쟁의행위기간	×	×
사용자의 정당한 징계권 행사로 이루어진 정직, 강제휴직(또는 직위해제) 또는 불법파업기간	○	×

업무상 재해로 인한 휴업기간	○	○
산전산후휴가, 예비군훈련기간, 육아휴직기간※	○	○
민방위훈련 또는 동원기간	○	○
공민권행사를 위한 휴무일, 연차휴가, 생리휴가	○	○
기타 이상의 기간에 준하여 해석할 수 있는 날 또는 기간	○	○

※ 육아휴직기간은 2018.05. 법 개정으로 포함(근로기준법 제60조 제3항)

지각, 조퇴 및 외출을 연차에서 차감 가능 여부

사례

Q 연차사용 촉진을 위해 지각, 조퇴 및 외출을 연차에서 차감하려고 합니다. 연차에서 차감해도 법적으로 문제가 없나요?

A 단체협약 또는 취업규칙 등에서 '지각·조퇴 및 외출은 누계 8시간을 연차휴가 1일로 계산한다.'라는 규정을 두는 것은 당해 사업장 근로자의 인사·복무관리 차원에서의 노사 간 특약으로 볼 수 있으며, 해당자가 부여받을 수 있는 연차일수에서 공제하는 것이므로 근로기준법에 위반된다고 볼 수 없습니다(근기 68207-157, 2000.01.22.).

다만, 연간 지각 3회를 결근 1일로 취급한다는 취업규칙의 규정은 근로기준법에 위배되며(법무 811-11418, 1979.05.15.; 근기 1451-31537, 1983.12.21.), 지각·조퇴 등이 있다 하더라도 연차 유급휴가 일수를 산정함에 있어서 결근으로 취급할 수 없습니다(근기 01254-3153, 1990.03.03.).

즉, 조퇴·지각 등의 사유로 소정근로일의 근로시간 전부를 근로하지 못하였다 하더라도 주휴일 및 연·월차유급휴가 산정 시 이를 결근으로 처리할 수 없게 되는 것입니다(근기 68207-1564, 2002.04.16.).

그러므로 사업장 취업규칙 등에 지각·조퇴·외출이 몇 회 이상이면 결근 1일로 취급하여 주휴일이나 연차 유급휴가 등에 영향을 주는 것은 근로기준법에 위배가 됩니다.

02

출근율

개인 질병으로 휴직한 경우 결근으로 보아 연차 유급휴가 산정 여부

사례

Q 직원이 개인 질병 또는 유학 등 자신의 귀책사유로 휴직한 경우, 휴직기간을 결근일과 같이 취급하여 출근율을 산정하는 방법이 타당하나요?

A 개인적 상병 등 근로자 귀책사유로 소정근로일에 근로를 제공하지 못한 경우, 단체협약·취업규칙 등에 특별히 규정한 바가 없다면 이를 결근으로 보아 연차 유급휴가를 산정할 수 있을 것으로 사료됩니다(근로조건지도과-1755, 2008.05.29.; 근로조건지도과-1058, 2008.04.24.).

아울러, 근로기준법상 '결근'의 개념에 관하여 규정한 바는 없으나, 일반적으로 결근일이란 법령의 범위 내에서 노사 당사자가 근로를 제공하기로 정한 날인 '소정근로일'에 근로자가 임의로 근로를 제공하지 아니한 날을 의미합니다(근로기준과-5738, 2004.08.17.).

정년퇴직자 위로휴가 사용기간 출근 간주 여부

사례

Q 회사의 정년퇴직자 위로휴가 지침에 따라 당해연도 7월 1일부터 정년퇴직일인 12월 31일까지 위로휴가를 사용하고 위로휴가기간 중 정상근무와 동일하게 급여와 상여금을 지급하였습니다.

이 경우

1. 정년퇴직함에 따라 당해연도 출근율에 의하여 발생한 연차 유급휴가 미사용수당을 청구할 수 있나요?
2. 정년퇴직자 위로휴가 사용기간이 연차 유급휴가 부여 시 소정근로일수에 포함되나요?

A 다음의 사항을 참고하면 됩니다.

1. 정년제는 근로자가 일정한 연령에 도달하면 근로관계를 종료시키는 제도로 당사자 간 달리 정한 바가 없다면 정년퇴직일에 퇴직효력이 발생되므로, 12월 31일이 정년퇴직일인 경우 단체협약·취업규칙 등에 퇴직일을 달리 볼 수 있는 별도의 규정이 없는 한 당일인 12월 31일을 퇴직일로 보아야 합니다.

따라서 퇴직 당해연도에는 계속 근로기간 1년이 충족되지 않아 연차 유급휴가가 발생하지 않으므로, 이에 대한 연차 유급휴가미사용수당청구권도 발생되지 않는다고 사료됩니다. 다만, 퇴직시점에서 총 휴가 일수가 근로자의 입사일 기준으로 연차 유급휴가를 산정한 것이 회계연도로 산정한 휴가 일수에 미달하는 경우에는 그 미달하는 일수에 대하여 연차 유급휴가미사용수당을 지급받을 수 있습니다.

2. 연차휴가 일수 산정을 위한 소정근로일수 계산 시 정년퇴직자 위로휴가기간은 당해 사업장의 단체협약·취업규칙 등에 정하는 바에 따라 판단하여야 합니다.

연차 유급휴가 산정을 위한 출근율은 소정근로일을 가지고 계산하는바, 당해 사업장 정년퇴직자 위로휴가 지침에 '위로휴가기간은 근무일수에 산입한다.'는 조항은 그 기간을 출근한 것으로 보기보다는 계속 근로기간 산정에 포함한다는 의미로 보이므로 정년퇴직자 위로휴가기간은 달리 볼 사정이 없는 한 당초 근로하기로 정하였으나 근로자 또는 사용자가 사전에 예측할 수 없는 특별한 사유가 발생하여 근로제공의무가 정지되는 기간으로서 소정근로일수를 계산함에 있어 제외하여야 할 것으로 사료됩니다.

따라서 정년퇴직자 위로휴가기간을 제외한 나머지 소정근로일수에 대한 출근율에 따라 산출된 일수에 당해 사업장의 연간 총소정근로일수에 대한 출근일수 비율을 곱하여 산정함이 타당할 것으로 사료됩니다(근로기준과-1388, 2009.05.14.).

휴직기간의 출근율 산정방법

사례

Q 단체협약에 기하여 사용자의 동의를 받아 3개월간 휴직은 노사 당사자 간 약정에 의해 사전에 근로하지 않기로 한 날에 해당하여 출근율 산정에서 제외하는 것이 타당하나요?

A 근로기준법 제60조 제1항에서 연차 유급휴가를 부여하기 위한 기준으로서 소정 근로일수의 출근율을 규정하고 있는바, 근로자가 자신의 귀책사유로 휴직한 경우의 연차 유급휴가 산정방법은 취업규칙, 단체협약 등에 별도로 정한 바가 있으면 그에 따르면 될 것이나, 별도로 정한 바가 없고 당해 근로자가 휴직한 날을 휴가 등으로 대체하지 않았다면 결근한 것으로 보아 출근율을 계산하여 연차 유급휴가를 부여하여야 할 것입니다(근기 68207-497, 1999.03.04.; 근로기준과-3937, 2005.07.26. 참조)(근로기준과-1014, 2010.05.11.).

재량근로제도하에서 연차휴가 산정을 위한 출근 여부 확인

사례

Q 재량근로제도를 도입하였는데 연차휴가 산정을 위해 출근 여부는 어떻게 확인해야 하나요?

A

- 근로자대표와의 서면합의에서 소정근로일에 출근하기로 정했다면, 연차휴가 산정 등 복무관리를 위한 출·퇴근기록 관리는 가능하므로, 이에 따라 출근율을 산정하면 될 것입니다.
  다만, 서면합의 시 출근 여부까지 근로자의 재량에 맡기기로 하였다면 소정근로일 전체를 출근한 것으로 보아야 하므로, 이에 따라 휴일·휴가 등을 부여하여야 합니다(재량간주근로시간제 운영가이드, 2019.07.31.; 고용노동부 인터넷상담센터 인터넷상담과, 2020.04.12.).

- 완전 자율 근무형 재량근무제의 경우에는 출·퇴근 관리를 별도로 하지 않는 근무형태로 소정근로일 전체를 출근한 것으로 보아야 합니다. 출·퇴근시간 지정형 재량근무제의 경우에는 해당일 출근 또는 퇴근내용을 토대로 출근 여부를 판단하면 됩니다(궁금함이 쏙쏙 풀리는 유연근무제 Q&A, 2017.12. 고용노동부 고용문화개선정책과 참고).

사업장 밖 간주근로시간제를 도입한 경우 연차 유급휴가 적용

사례

Q 사업장 밖 간주근로시간제를 도입한 경우 연차 유급휴가는 어떻게 적용하나요?

A 근로시간 계산의 특례를 인정하는 것은 근로시간의 산정에 관한 부분이며(근로기준법 제58조), 유급주휴일, 연차 유급휴가는 통상의 근로자들과 동일하게 적용합니다(고용노동부 고객상담센터 인터넷상담과, 2020.04.12.).

정직기간의 연차 유급휴가 부여를 위한 출근율 산정방법

사례

Q 정직기간 중 연차 유급휴가 부여의 경우, 정직기간(본사 대기)을 결근으로 볼 수 없어 출근으로 간주해야 하는지 아니면 소정근로일에서 제외해야 하나요?

A

- 연차 유급휴가는 특정한 소정근로일에 해당 근로자가 근로제공 의무를 면제받는 것이므로 근로제공이 금지된 정직기간 중에는 연차 유급휴가를 사용할 수 없다고 봅니다(근로개선정책과-3105, 2011.09.20.).

- 연월차휴가를 부여하는 기준으로 삼고 있는 소정근로일수의 개근 여부 또는 출근율을 판단함에 있어 당초 근무하기로 정하였지만 특별한 사유로 근로제공의무가 정지된 날 또는 기간은 소정근로일수 계산에서 제외하여야 함이 타당하다고 사료되며, 근로자가 근로를 제공할 수 있음에도 사용자의 징계권의 행사로 정직된 기간은 위 기간에 해당된다고 사료됩니다.
  한편, 이 경우 연차 유급휴가 일수는 동 기간을 제외한 나머지 소정근로일수에 대한 출근율에 따라 산출된 일수에 당해 사업장의 연간 총소정근로일수에 대한 출근일수 비율을 곱하여 산정하여야 할 것입니다. 다만, 월차휴가·연차휴가의 성질을 비추어 주의 전부, 월의 전부 또는 연의 전부를 출근하지 아니한 경우에는 이를 부여하지 않아도 될 것입니다(근기 68207-2672, 2002.08.09.).

정년퇴직예정자의 공로연수 시 연차 유급휴가 산정방법

사례 Q

1. 연차 유급휴가 부여를 위한 출근율 산정에 있어 공로연수기간이 소정근로일수 및 출근일수 등에 포함되나요?
2. 연도의 전 기간(1.1.~12.31.) 동안 공로연수, 휴가 등으로 사실상 출근한 날이 전혀 없는 경우에도 익년도에 연차 유급휴가가 발생하나요?

A 다음의 사항을 참고하면 됩니다.

1. 공로연수기간은 통상적인 근로관계하에서의 근로제공의무를 취업규칙 등에 의하여 면제받는 것으로 연차 유급휴가 부여 시 소정근로일수 및 출근 여부를 판단함에 있어 그 성격은 특별한 사유로 근로제공의무가 정지되는 날 또는 기간으로 소정근로일수를 계산함에 있어 이를 제외하여야 하고, 연차 유급휴가 산정은 공로연수기간을 제외한 나머지 소정근로일수에 대한 출근율에 따라 산출된 일수에 당해 사업장의 연간 총소정근로일수에 대한 나머지 소정근로일수 비율을 곱하여 산정함이 타당할 것으로 보입니다(근기 68207-709, 1997.05.30. 연차휴가 부여 시 소정근로일수 및 출근 여부 판단기준 참조).

2. 공로연수기간은 소정근로일수를 계산함에 있어 그 성질상 이를 제외하고 있으

므로 년의 전부를 공로연수로 사용하였다면 그 기간 전부가 소정근로일수에서 제외되어 연차 유급휴가를 부여하지 않아도 법 위반이라 할 수 없습니다(임금근로시간정책팀-1663, 2007.05.01.).

근로자 귀책사유로 인한 휴직 시 연차휴가 부여

사례

Q 자기계발 및 개인적 상병 병원 진료 등에 의한 자발적 근로자의 귀책사유로 인한 무급휴직을 연차휴가 소정근로일수 계산 시 결근으로 보나요?

A 개인적 상병 등 근로자 귀책사유로 소정근로일에 근로를 제공하지 못하는 경우에는 이를 결근으로 처리할 수 있습니다(근로조건지도과-1058, 2008.04.24.).

그리고 개인적 상병 등 근로자 귀책사유로 소정근로일에 근로를 제공하지 못한 경우, 단체협약·취업규칙 등에 특별히 규정한 바가 없다면 이를 결근으로 보아 연차유급휴가를 산정할 수 있을 것으로 사료됩니다(근로조건지도과-1755, 2008.05.29.).

80% 출근율의 의미

사례

Q 입사 1년이 지나면 연차가 15개가 생기는데, 이 경우 1월 1일 기준으로 연차를 생성하려면 정확히 1월 1일 입사자여야 하나요? 만약 2월 1일 입사자라도 8할 이상 근무자에 해당하나요?

8할의 의미가 1년 이상 근무한 자 중에서 8할 이상인가요? 아니면 그냥 1년의 8할 이상을 근무한 자인가요?

A 근로기준법을 살펴보면, 다음과 같습니다.

> 근로기준법 제60조(연차 유급휴가) 제1항
>
> **① 사용자는 1년간 80% 이상 출근한 근로자에게 15일의 유급휴가를 주어야 한다.**

☞ 연차휴가 부여의 전제조건은 1년 만근입니다. 다만, 입사 후 1년 미만 근로자에 한해 매월 만근 시 1일의 휴가를 부여하게 됩니다.

여기서 제1항의 '1년간 80% 이상 출근한 근로자'란 1년을 만근한 상태에서 출근율 8할을 의미하는 것이지, 재직기간이 1년의 8할(365일 × 80% = 292일)을 의미하는 것은 아닙니다.

근로기준법 제60조(연차 유급휴가) 제2항

② 사용자는 계속하여 근로한 기간이 1년 미만인 근로자 또는 1년간 80% 미만 출근한 근로자에게 1개월 개근 시 1일의 유급휴가를 주어야 한다.

☞ 제2항의 '1년간 80% 미만 출근한 근로자'란 1년 이상 근무자이면서 1년간 결근 등의 사유로 80% 미만으로 출근한 근로자를 말합니다.

따라서 연차 유급휴가는 근로자의 1년간의 근로에 대한 출근율에 따라 발생하므로 근로자 퇴직 시 동 휴가 산정을 위한 1년간의 기간을 초과하는 잔여기간은 단체협약 및 취업규칙 등에 달리 정함이 있지 않다면 연차 유급휴가는 발생하지 않게 됩니다(근로개선정책과-3360, 2014.06.30.).

예를 들어 1년 4개월 근무 시 1년차에 대한 연차는 발생하지만 만 1년이 지난 1년 미만의 기간(4개월 근무기간)에 대한 연차휴가는 별도로 발생하지 않습니다.

PART 02

계속근로연수

01

계속 근로 연수가 1년 미만인 경우

인턴사원의 1년 미만 연차휴가 수당 지급 여부

사례

Q 인턴사원에게 1개월 개근 시 1일의 유급휴가를 부여해야 하는데, 미사용할 경우 계약기간 종료 후 퇴직 시에 휴가 미사용분을 수당으로 지급해야 하나요?

인턴사원의 선택에 따라 매월 급여 지급 시 근무일수 1일을 추가하여 수당으로 지급할 수 있나요?

A 사용자는 계속하여 근로한 기간이 1년 미만인 근로자에게 1개월 개근 시 1일의 유급휴가를 주어야 하며, 1년 미만 계속 근로기간 중 발생한 휴가를 사용하지 못하고 퇴직하는 경우에는 미사용한 휴가에 대해 연차휴가미사용수당을 지급하여야 합니다.

행정인턴의 선택에 따라 매월 급여 지급 시 근무일수 1일을 추가하여 수당으로 지급하고 휴가를 부여하지 않는 것은 근로자의 휴가청구권을 제한하는 결과를 초래하므로 근로기준법 위반의 문제가 발생할 수 있습니다.

따라서 매월 개근 시 발생하는 유급휴가를 근로계약기간이 종료되기 이전에 분할·적치하여 사용하도록 하는 것이 바람직하다고 사료됩니다(근로조건지도과-224, 2009.04.06.).

1년 미만 입사자의 익년도 연차휴가 계산방법 (2018.5. 개정법 적용 기준)

사례

Q 2019년 7월 1일 입사자가 있습니다. 매월 발생하는 월차를 정산하여 사용하지 않은 경우 월차비로 지급하였습니다(회계연도 연차관리). 이 경우 2020년 1월 1일에 연차가 15개가 발생하나요? 아니면 전년도 발생한 연차개수를 제외하고 부여하나요? 어떻게 계산하나요?

A 연도 중 입사자의 경우 다음 연도에 대하여 발생하는 휴가 일수는 전년도 근속기간에 비례하여 산정합니다. 다만, 근로자 퇴직 시 입사일을 기준으로 한 연차 유급휴가 일수보다 근무기간 중 회계연도를 기준으로 한 연차 유급휴가 일수가 적으면 부족한 일수만큼 수당으로 보상하여야 합니다.

아울러, 아직 사용기간이 남은 유급휴가에 대해 당해 회계연도 말일 등 특정시점에 미사용수당으로 정산하는 것은 근로기준법 제60조 제7항의 취지에 맞지 않으므로 허용되지 않습니다.

법 개정 이후 기존 산정방법에 따른 연차휴가와 1년차에 1월 개근 시 1일씩 발생한 휴가 일수도 별도로 인정합니다.

■ 익년도 회계연도에 발생하는 연차휴가 일수(소정근로일수 365일 가정)

15일 × (근속기간 총일수 / 365)

■ 입사일부터 1년간 1월 개근 시 1일씩 발생한 휴가 일수

구분	2019년도					2020년도						
	8월	9월	10월	11월	12월	1월	2월	3월	4월	5월	6월	7월
비례 부여						7.5						
만근 부여	1	1	1	1	1	1	1	1	1	1	1	
누계	1	2	3	4	5	13.5						18.5

(고용노동부 - 개정 근로기준법 설명자료 참고, 2018.05.)

입사 후 1년간 출근율이 80% 미만인 경우 연차휴가 산정방법

사례

Q 2019년 1월 1일 입사하여 5개월간(1.1. ~ 5.31.) 개근하고, 나머지 달에는 매월 10일씩 결근하여 1년차 출근율이 80% 미만인 경우 2년차에 부여하는 연차휴가 일수 산정은 어떤 방법으로 하나요?

A 근로기준법 제60조(연차 유급휴가) 제2항 규정에 근거하여 입사 후 1년간 출근율이 80% 미만인 경우 2년차에 발생하는 유급휴가 일수는 1년차에 개근한 월수만큼 1일씩 계산하여 산정하며, 법 개정에 따라 1년차에 1개월 개근 시 1일씩 발생한 유급휴가 일수도 별도로 인정됩니다.

☞ 위 질의의 경우 2년차인 2020년까지 총 10일의 휴가 발생

1년차에 1개월 개근 시 1일씩 발생한 휴가 5일 + 1년차 출근율 80% 미만에 따라 1년차 개근월수만큼 2년차에 부여하는 휴가 5일

(고용노동부 - 개정 근로기준법 설명자료 참고, 2018.05.)

1년 미만 퇴사자 연차수당 지급시기

사례

Q 1년 미만 퇴사자인 경우 연차수당을 지급해야 하는데 퇴사할 때 주는 것인가요? 아니면 별도로 지급해야 하는 기간이 있는 건가요?

A 근로기준법 제36조(금품 청산)에 '사용자는 근로자가 사망 또는 퇴직한 경우에는 그 지급사유가 발생한 때부터 14일 이내에 임금, 보상금, 그 밖에 일체의 금품을 지급하여야 한다. 다만, 특별한 사정이 있을 경우에는 당사자 사이의 합의에 의하여 기일을 연장할 수 있다.'라고 규정하고 있습니다.

따라서 퇴사일로부터 14일 이내에 지급하여야 합니다.

계열사 간 전보자 발생 시 1년 미만 연차휴가 부여 여부

사례

Q 올해 1월 1일자로 그룹사에서 당사로 전입자가 발생하였습니다. 전입자의 경우 1년 미만자로 보아 연차를 부여하면 되나요? 아니면 계속기간으로 인정해야 하나요?

A 위 질의의 경우 전적이 이루어진 경위를 정확히 알 수 없어 구체적인 판단은 어려우며 기업의 상황에 따라 사실 판단할 사안입니다.

다음의 행정해석을 참고하면 됩니다.

행정해석

- 특정기업에 입사하여 근무하다가 계열사인 타 기업으로 전적한 경우 퇴직금 산정방법에 관한 것으로 전적이란 종전 기업과 근로관계를 합의해지하고 새로운 기업과 근로계약을 체결하는 것인바, 그것이 유효하게 이루어졌다면 원칙적으로 종전의 근로관계는 승계되지 아니합니다.
  종전 기업에서 퇴사하고 새로운 기업으로 전적할 때 별다른 유보의견 없이 퇴직금을 수령하였다면 종전 기업과의 근로관계는 일응 단절된 것으로 보여질 수 있으며, 그렇다면 당사자 간 특약이 없는 한 퇴직금 산정기간에 있어 종전 기업의 근속기간을 제외하더라도 이를 법 위반으로 볼 수는 없다고 할 것입니다(근기 68207-694, 1999.03.24.).

- 기존 기업에서 퇴직금 지급 등 퇴직 절차를 거친 후 서로 다른 법인격을 갖는 기업으로 입사한 경우, 일반적으로 기존 기업과의 근로관계는 단절되고 새로 입사한 기업의 근로계약 체결 시점부터 계속 근로기간은 새로 기산된다고 보아야 할 것입니다.

  그러나, 기업의 일부가 분리 독립하여 새로운 회사가 설립되었다 하더라도 신설회사와 구舊 회사 사이에 기업의 동일성을 유지하고 있다면 신설회사가 구舊 회사와는 별개의 독립된 법인체로서 그 권리·의무를 포괄승계하지 않은 경우라 할지라도 구舊 회사에 속한 근로자에 대한 근로관계는 신설회사에 포괄승계되어 근로의 계속성이 유지된다 할 것입니다(대법 84다카 1409, 1987.2.24. 참조).

  다만, 이러한 경우에도 근로자가 자유로운 의사에 의하여 구舊 회사를 퇴직하고 소정의 퇴직금을 수령한 후 신설회사에 새로이 입사하는 방법을 취하였다면 구舊 회사와의 근로관계는 단절된다고 볼 수 있습니다(대법 96다 38551, 1997.6.27. 등 참조).

  또한, 근로자가 종전 회사에서 계열회사로 전적되는 경우 종전 회사의 경영방침에 의한 일방적인 결정에 따라 퇴직과 재입사의 형식을 거친 데에 불과한 것이 아니라 근로자가 자의에 의하여 종전 회사에 사직서를 제출하고 퇴직금을 지급받은 다음 계열회사에 입사하였다면 종전 회사와의 근로관계는 단절된 것으로 볼 수 있고, 유효한 전적이 이루어진 경우에 있어서는 당사자 사이에 종전 기업과의 근로관계를 승계하기로 하는 특약이 있거나 이적하게 될 기업의 취업규칙 등에 종전 기업에서의 근속기간을 통산하도록 하는 규정이 있는 등의 특별한 사정이 없는 한 해당 근로자의 종전 기업과의 근로관계는 단절되는 것이고 이적하게 될 기업이 해당 근로자의 종전 기업과의 근로관계를 승계하는 것은 아니라 할 것입니다(대법 99다21806, 2000.12.22. 등 참조)(고용차별개선과-2585, 2013.12.23.).

5개월 단기계약직의 연차 일수
(마지막 달 만근 후 연차 소멸 여부)

사례

Q 5개월 근로계약을 체결한 단기계약직 직원이 있습니다. 1달 만근 시 1개가 생기면 마지막 달 근무까지 포함해서 5개인가요? 아니면 마지막 달 만근 후 발생하는 연차는 소멸해서 4개인가요?

A 근로기준법 제60조 제2항에 '사용자는 계속하여 근로한 기간이 1년 미만인 근로자 또는 1년간 80% 미만 출근한 근로자에게 1개월 개근 시 1일의 유급휴가를 주어야 한다.'라고 규정하고 있습니다.

대법원 판례도 유급으로 연차휴가를 사용할 권리는 근로자가 1년간 소정의 근로를 마친 대가로 확정적으로 취득하는 것이므로, 근로자가 일단 연차 유급휴가권을 취득한 후에 연차 유급휴가를 사용하기 전 퇴직 등의 사유로 근로관계가 종료된 경우, 근로관계의 존속을 전제로 하는 연차휴가를 사용할 권리는 소멸한다 할지라도 근로관계의 존속을 전제로 하지 않는 연차휴가수당을 청구할 권리는 그대로 잔존하는 것이어서, 근로자는 근로관계 종료 시까지 사용하지 못한 연차휴가 일수 전부에 상응하는 연차휴가수당을 사용자에게 청구할 수 있는 것이라고 판시한 바 있습니다 (대법 2003다48549, 2005.5.27.).

따라서 정확히 만 5개월을 기간으로 근로계약을 체결하여 해당 근로계약기간을 개근하였다면 대법원의 판례 법리에 따라 마지막 근로일까지 근로를 함으로써 총 5일의 연차 유급휴가권을 취득하였을 것이고, 그 직후 연차 유급휴가를 사용하기 전에 근로관계가 종료된다면 이미 발생한 총 5일에 대해서 사용자는 근로자에게 연차 유급휴가미사용수당을 지급하여야 함이 타당한 것으로 사료됩니다(고용노동부 상담센터, 2018.06.14.).

당해연도 1월 2일에 입사, 12월 31일에 퇴사할 경우 연차휴가 부여 여부

사례

Q 당해연도 1월 2일 ~ 12월 31일 근무한 기간제근로자의 연차 유급휴가 부여 일수는 어떻게 되나요?

A 계속 근로기간은 근로계약을 체결하여 근로관계 종료 시까지를 의미하므로 근로계약서상 근로계약 체결일부터 기산하여 계속 근로기간이 1년 미만인 경우에는 원칙적으로 연차 유급휴가는 근로기준법 제60조 제2항에 따라 부여하고 퇴직급여 지급의무는 발생하지 않는다고 판단됩니다.

다만, 예외적으로 편의상 근로제공의무가 없는 공휴일의 익일부터 근로계약을 체결·갱신하는 관행이 있어 당사자 간 암묵적으로 근로계약기간을 1년으로 정한 경우라면 연차 유급휴가는 근로기준법 제60조 제1항에 따라 부여하고 퇴직급여 지급의무도 발생하는 것으로 볼 수 있을 것입니다(근로기준정책과-2216, 2016.4.1.).

따라서 사용자는 계속하여 근로한 기간이 1년 미만인 근로자 또는 1년간 80% 미만 출근한 근로자에게 1개월 개근 시 1일의 유급휴가를 주어야 합니다.

02

계속 근로 연수가 1년 이상인 경우

1주 15시간 미만과 이상을 반복하는 단시간근로자의 연차 유급휴가 부여

사례

Q 4주 평균 1주 소정근로시간이 15시간 미만과 이상을 반복하는 경우 연차 유급휴가 부여일수는 어떻게 되나요?

A 근로기준법 제60조 제1항에 따라 1년간 총소정근로일의 80% 이상 출근한 근로자에게 15일의 연차휴가를 주어야 하고, 같은 법 제18조에 따라 4주 동안을 평균하여 1주 동안의 소정근로시간이 15시간 미만인 근로자에 대해서는 같은 법 제60조를 적용하지 아니합니다.

질의와 관련, 4주 평균 1주 소정근로시간이 15시간 미만과 이상을 반복하는 경우, 1주 소정근로시간이 15시간 미만인 기간이 포함되어 있더라도 1년 전체의 평균 주 소정근로시간이 주 15시간 이상이고, 총소정근로일에 대한 출근율이 80% 이상이라면 같은 법 제60조 제1항에 따라 15일의 연차휴가를 부여함이 타당합니다(근로기준정책과-7315, 2017.11.22.).

다만, 주 15시간 이상인 기간이 80% 미만이라면 주 15시간 이상이면서 개근한 기간에 대해서만 비례하여 연차휴가를 산정하는 것이 타당하다고 사료됩니다(근로기준정책과-927, 2018.02.05.).

단시간근로자의 연차휴가 부여

사례

Q 단시간근로자의 연차휴가 산정방식은 어떻게 하나요?

A 근로기준법 제2조에 '단시간근로자'란 1주 동안의 소정근로시간이 그 사업장에서 같은 종류의 업무에 종사하는 통상 근로자의 1주 동안의 소정근로시간에 비하여 짧은 근로자로 규정하고 있습니다. 즉, 1주 15시간 이상 40시간 미만 근로를 제공하는 자를 의미합니다.

- 사용자는 단시간근로자에게 근로기준법 제60조에 따른 연차 유급휴가를 주어야 합니다. 이 경우 유급휴가는 다음의 방식으로 계산한 시간 단위로 하며, 1시간 미만은 1시간으로 봅니다.

$$\text{통상 근로자의 연차휴가 일수} \times \frac{\text{단시간근로자의 소정근로시간}}{\text{통상 근로자의 소정근로시간}} \times 8\text{시간}$$

▶ 예시 1

2020년 1월 1일 입사한 단시간근로자가 있습니다. 1주일에 8시간씩 3일 근무하고 있으며 2021년 1월 1일에 연차휴가를 부여해야 하는데, 통상 근로자의 연차휴가 일수가 며칠이 되나요?

☞ 통상 근로자의 연차 유급휴가 일수(15일) × 단시간근로자의 소정근로시간(24시간) / 통상 근로자의 소정근로시간(40시간) × 8시간 = 72시간

해당 근로자가 소정근로일 중 2일을 휴가로 사용하였다면 16시간을 사용한 것이므로 72시간에서 16시간을 공제한 56시간이 잔여연차휴가 시간이 됩니다(고용노동부 고객상담센터 인터넷상담과-2AA-2004-0119256, 2020.04.14.).

▶ 예시 2

1일 6시간씩 주 5일 근무하는 단시간근로자에 대한 연차 유급휴가

☞ 해당 근로자가 1년간 80% 이상 출근하였다면 연차 유급휴가 부여

※ 근속기간이 2년인 경우

$$15일 \times \frac{30시간}{40시간} \times 8시간 = 90시간$$

위 사례에서 해당 근로자가 3일의 연차 유급휴가를 사용하였다면 18시간을 사용한 것이므로 90시간에서 18시간을 뺀 72시간이 잔여연차 유급휴가 일수(시간)가 됩니다.

▶ 예시 3

1일 8시간씩 주말에만 근무하는 단시간근로자의 연차 유급휴가

☞ 해당 근로자가 1년간 80% 이상 출근하였다면 연차 유급휴가를 부여

※ 근속기간이 2년인 경우

$$15일 \times \frac{16시간}{40시간} \times 8시간 = 48시간$$

(고용노동부 - 근로시간 단축제도 가이드북 참조, 2019.12.)

▶ 예시 4

해당 근로자가 1년 미만 근속할 경우 근로기준법 제60조 제2항에 따라 6개월 개근 후 퇴직할 경우 1개월에 1일씩 연차휴가를 부여

※ 근속기간 1년 미만인 경우

$$6일 \times \frac{30시간}{40시간} \times 8시간 = 36시간$$

(고용노동부 상담센터, 2020.02.11.)

■ 연차휴가는 1일 단위로 소정근로일에 부여하되, 동일의 소정근로시간만큼 연차휴가를 사용한 것으로 합니다(근기 68207-3373, 2002.12.17.).

다만, 단시간근로자의 휴가 사용일수가 통상 근로자의 휴가 일수를 초과하는 경우에는 그 초과된 일수에 해당하는 휴가시간에 대해 휴가를 부여하지 않을 수 있습니다.

- 월차휴가의 경우 1일 단위로 부여

  월차휴가시간이 휴가 사용일의 소정근로시간에 미달한 경우에는[1주간 1일 8시간씩 3일(월, 수, 금)을 근무하는 근로자의 경우, 월차휴가시간은 4시간이고, 소정근로일은 8시간인 경우 등] 시간 단위로 부여하거나(동일 4시간 근무, 4시간 휴가 부여), 월차휴가시간을 적치하여 1일 단위로 사용 가능하게 된 경우에 부여합니다.

  월차휴가시간이 휴가 사용일의 소정근로시간을 초과하는 경우에는 1일의 월차휴가를 부여하며, 잔여휴가시간은 월차휴가근로수당을 지급하고 휴가를 부여하지 않을 수 있습니다.

- 미사용한 연·월차유급휴가시간(1일 단위로 사용할 수 없게 된 잔여휴가시간 포함)에 대하여는 시간급 임금을 기초로 연·월차휴가근로수당을 지급(미사용 휴가시간 × 시간급 임금)합니다.

■ 소정근로시간이 당해 사업장의 동종 업무에 종사하는 통상 근로자보다 짧은 단시간으로 근로계약을 체결한 근로자라면 규칙적으로 매일 2시간의 연장근로를 하였다 하더라도 주휴수당 및 연차 유급휴가수당 계산에 관하여는 단시간근로자로 보아 계산하여야 합니다(근로기준과-6465, 2004.11.30.).

계속 근로기간 1년 중 1개월을 단시간근로한 근로자 연차 유급휴가 부여 여부

사례

Q 계속하여 근로한 기간 1년 중에 한 달을 단시간근로(4주 동안을 평균하여 1주 동안의 소정근로시간이 15시간 미만)한 근로자에게 연차 유급휴가를 부여해야 하나요?

A 근로기준법 제60조 제1항의 연차 유급휴가는 1년간 80% 이상을 출근한 근로자에게 15일의 유급휴가를 주어야 한다고 규정하고 있으며, 다만, 같은 법 제18조 제3항에 따라 4주 동안을 평균하여 1주 동안의 소정근로시간이 15시간 미만인 근로자에 대해서는 같은 법 제60조를 적용하지 않습니다.

연차 유급휴가의 발생요건으로 1년간 재직과 출근율 80% 이상일 것을 요건으로 정한 것은 근로자의 휴양의 필요성이 기본적으로는 상당 기간 계속되는 근로의무의 이행과 불가분의 관계에 있는 점을 고려할 때(헌법재판소 2013헌마619, 2015.05.28.),

주 소정근로시간이 15시간 미만인 기간이 일부(1개월) 포함되어 있더라도 1년 전체의 평균 주 소정근로시간이 주15시간 이상이고 출근율이 80% 이상이라면 근로기준법 제60조 제1항에 따른 연차 유급휴가를 부여해야 할 것입니다(근로기준정책과-7315, 2017.11.22.).

기간제근로자 및 1년 이상 재직한 근로자의 연차 유급휴가 부여 여부

사례

Q 기간제근로자 및 1년 이상 재직한 근로자가 마지막 1년간 근로를 마치고 퇴직하는 경우, 근로기준법 제60조 제1항에 따른 연차 유급휴가를 부여해야 하나요?

A

- 근로기준법 제60조 제1항에 따른 연차 유급휴가는 사용하는 해에 근로할 것을 전제로 하는 것이 아니라 1년간 소정근로를 마치고 해당 기간의 출근율이 80% 이상이면 확정적으로 발생하는 것으로,
근로자가 일단 연차 유급휴가권을 취득한 후에 연차 유급휴가를 사용하기 전에 퇴직 등의 사유로 근로관계가 종료된 경우, 근로관계의 존속을 전제로 하는 연차휴가를 사용할 권리는 소멸한다 할지라도 근로관계의 존속을 전제로 하지 않는 연차휴가수당을 청구할 권리는 그대로 잔존하는 것이어서 근로자는 근로관계 종료 시까지 사용하지 못한 연차휴가 일수 전부에 상응하는 연차휴가수당을 청구할 수 있습니다(대법 2003다48549, 2003다48556, 2005.5.27., 99다10806, 2000.12.22., 95다36695, 1996.11.22. 등).

- 최근 대법원은 위와 같은 입장을 견지하면서도 연차 유급휴가 발생 전에 퇴직 등으로 근로관계가 종료한 경우에는 연차휴가권이 발생하지 않는다고 판시하였으나(대법 2016다48297, 2018.06.28.), 동 사건의 사업장은 만 61세가 되는 해

의 12월 말일을 정년퇴직일로 정하고 있어 12월 31일에 근로관계가 종료된 경우로서 이를 1년 단위 기간제근로자 또는 1년 이상 재직한 근로자의 마지막 1년간 근로에 대해서도 당연히 적용된다고 보기 어렵습니다.

■ 기간제근로자 또는 1년 이상 재직한 근로자가 마지막 1년간 근로를 마치고 퇴직하는 경우 당일 소정근로를 제공한 날은 고용관계가 유지되는 기간으로 특별한 사정이 없는 한 마지막 근로일의 다음 날을 퇴직일로 보아야 하므로, 이 경우 대법원 판결(2018.6.28.)에서 언급한 '연차 유급휴가 발생 전에 퇴직 등으로 근로관계가 종료'된 경우로 보기 어렵습니다.

기간제근로자 또는 1년 이상 재직한 근로자가 마지막 1년간(예 : 2018.1.1.~12.31.) 근로를 마치고 퇴직한 경우 해당 기간의 출근율이 80% 이상이면 근로기준법 제60조 제1항에 따른 연차 유급휴가가 발생하고 연차 유급휴가를 사용하기 전에 퇴직 등의 사유로 근로관계가 종료되어 사용하지 못한 연차휴가 일수 전부에 상응하는 연차 유급휴가미사용수당을 지급하여야 합니다(임금근로시간과-844, 2019.07.25.).

1년차에 유급휴가를 사용하지 않은 근로자의 2년차 유급휴가 일수 산정방법

사례

Q 1. 2020년 4월 1일자로 정규직 입사하여 근로기간이 1년이 되는 근로자가 그 1년간 1일의 유급휴가도 사용하지 않은 경우(1년간 100% 출근), 1년 1일이 되는 2021년 4월 1일자에 해당 근로자에게 연차 유급휴가를 줄 때 15일의 유급휴가를 부여해야 하는지? 아니면 26일의 유급휴가를 부여해야 하나요?

2. 2020년 4월 1일자로 정규직 입사하여 근로기간이 1년이 되는 근로자가 1년 미만의 연차휴가 일수(11일)를 사업주가 촉진 시행하였고, 1년간 100% 출근한 경우 1년 1일이 되는 2021년 4월 1일에 해당 근로자에게 연차 유급휴가를 줄 때 15일의 유급휴가를 부여하면 되나요?

A 귀 질의내용상 개정 연차휴가 관련 법령의 시행일자는 2020년 3월 31일(공포일)이며, 이 법 시행일 이전에 발생한 연차 유급휴가에 대하여는 종전의 규정을 따르고, 1년 미만 근로자의 연차휴가의 경우, 시행일 전에 이미 발생한 휴가는 종전의 규정에 따라 발생일로부터 1년 후에 소멸되며, 시행일 이후 발생한 휴가부터 개정법이 적용되어 입사일로부터 1년 후에 소멸됩니다.

따라서 귀 질의사례의 근로자가 개정법 시행일 이후인 2020년 4월 1일자 입사한 경우 개정법이 적용될 것이므로 2021년 4월 1일자 해당 근로자에게 발생하는 연차휴가는 근로기준법 제60조 제1항에 따라 15일의 연차휴가가 발생할 것으로 사료됩니다.

또한, 1년 미만 근로자의 연차휴가에 대한 사용 촉진제도를 신설하여(근로기준법 제61조 제2항 신설) 종전에는 1년 미만 근로자의 연차휴가에 대한 사용 촉진제도가 없어 연차휴가 소멸 시 미사용연차휴가에 대한 금전보상의무가 발생하였으나, 사용 촉진제도를 신설하여 사용 촉진한 미사용 연차휴가에 대해서는 금전의무가 면제되었습니다.

따라서 2020년 4월 1일 입사한 근로자가 입사하여 1년이 되는 경우(1년간 100% 출근 가정), 사용자가 1년 미만 근로자의 연차휴가에 대한 연차휴가 사용 촉진제도를 적법하게 시행하였음에도 불구하고 근로자가 입사일로부터 1년 동안 연차휴가를 사용하지 않아 소멸된 경우 사용자는 그 소멸된 연차휴가에 대하여 금전으로 보상할 의무가 면제됩니다.

사용 촉진제도를 시행하지 않았거나, 적법하게 시행하지 않은 경우 1년 미만 근로자가 입사일로부터 1년 동안 연차휴가를 사용하지 않아 소멸된 경우에는 금전으로 보상하여야 할 것으로 사료됩니다(고용노동부 고객상담센터 인터넷상담과-2AA-2003-0546230, 2020.04.02.).

1년 초과 2년 미만 근로자의 연차 유급휴가 발생 여부

사례

Q 1. 상시근로자 20명 이상으로 2009년 9월 1일 입사하여 2011년 4월 19일 퇴사(1년 7개월 19일 근무)하였고 1년치 유급휴가는 사용했는데 나머지 7개월 19일치의 연차휴가는 청구할 수 없나요?

2. 2010년 6월 15일 입사, 2011년 9월 25일 퇴사하였는데 2011년 6월 15일부터 9월 25일까지 연차 유급휴가비를 지급해야 하나요?

A 다음의 행정해석을 참고하면 됩니다.

행정해석

- 연차 유급휴가는 근로자의 1년간의 근로에 대한 출근율에 따라 발생하므로 근로자 퇴직 시 동 휴가 산정을 위한 1년간의 기간을 초과하는 잔여기간은 단체협약 및 취업규칙 등에 달리 정하고 있지 않다면 연차 유급휴가는 발생하지 않을 것으로 사료됩니다(근로개선정책과-3360, 2014.06.13.).
- 근로자가 2013.1.5. 입사하고 2014.3.5. 퇴직하여 1년 2개월 근로한 경우 근로자의 1년간 근로에 대한 출근율에 따라 연차 유급휴가가 발생할 것이나, 잔여기간인 2개월에 대한 연차 유급휴가는 사업장의 단체협약 및 취업규칙 등에 특별히 정하고 있지 않는 이상 발생하지

않을 것으로 사료됩니다(근로개선정책과-1727, 2014.03.20.).

■ 연차 유급휴가는 다른 특별한 정함이 없는 이상 1년간의 근로를 마침으로써 확정되는 것이므로 1년 미만의 근로에 대하여는 연차 유급휴가가 발생하지 아니합니다(대법 81다1140카, 1983. 02.08. 등 다수 참조).

2009.9.1. ~ 2011.4.19.(1년 7개월 19일)까지 근무한 기간 중 1년을 제외한 7개월 19일의 근무기간에 대한 연차 유급휴가도 1년간의 근로를 마치지 못하였으므로 발생되지 않습니다(근로개선정책과-3007, 2011.09.14.).

■ 근로자가 2010.6.25. 입사하여 2011.9.25.까지 1년 3개월 근무한 경우 1년간 근로에 대한 연차 유급휴가 이외 잔여 3개월에 대한 연차 유급휴가 부여의무는 사업장의 단체협약, 취업규칙 등에 다른 특별한 정함이 없는 이상 발생하지 않을 것으로 사료됩니다(근로개선정책과-4641, 2011.11.21.).

■ 1년 이상 근로한 자에 대하여는 근로기준법 제60조 제2항의 규정이 적용되지 않으므로 1년 이상 2년 미만 근무한 자의 경우 1년을 초과한 기간에 대하여는 당사자 간 특별한 약정이 있는 경우를 제외하고는 연차 유급휴가를 부여할 의무가 없다고 사료됩니다(임금근로시간정책팀-119, 2007.01.09.).

2년 계약기간 종료 후 퇴사 시 발생되는 총연차일수

사례

Q 기간제근로자가 2년 계약기간(2020.4.1. 입사 ~ 2022.3.31.퇴사) 종료 후 퇴사 시 총연차휴가 발생일수는 며칠인가요?

<전제사항> 2년간 연차 미사용하였고, 100% 출근하였습니다.

1. 1년 미만 연차일수에 대해 사업주가 전부 연차촉진 시행한 경우 며칠인가요?
2. 1년 미만 연차일수에 대해 사업주가 전부 연차촉진 시행하지 않은 경우 며칠인가요?

A

- 질의내용과 같이 개정 연차휴가 관련 법령의 시행일자는 2020년 3월 31일(공포일)이며, 1년 미만 근로자 연차휴가의 경우, 시행일 전에 이미 발생한 휴가는 종전의 규정에 따라 발생일로부터 1년 후에 소멸되며, 시행일 이후 발생한 휴가부터 개정법이 적용되어 입사일로부터 1년 후에 소멸됩니다.

- 2020년 4월 1일 입사하여 2022년 3월 31일까지 근무하고 퇴직하는 근로자는 개정 연차휴가 관련 법령을 적용받을 것으로 사료되므로(질의내용과 같이 해당 근로자가 2년간 100% 출근하였고 사용한 연차가 없다고 가정),

• 2020년 5월 1일 연차휴가 1일 발생 ~ 2021년 3월 1일 연차휴가 1일 발생

- 근로기준법 제60조 제2항에 따른 휴가는 총 11일 발생
- 입사일로부터 1년 동안 사용하지 않은 경우 소멸됨

• 2021년 4월 1일

- 근로기준법 제60조 제1항에 따른 휴가 15일 발생
- 발생일로부터 1년 동안 사용 가능

• 2022년 4월 1일

- 근로기준법 제60조 제1항에 따른 휴가 15일 발생
- 퇴직일(2022.4.1.)로부터 14일 이내 연차휴가미사용수당으로 지급

따라서 상기 근로자의 근로기준법 제60조 제2항에 따른 연차휴가에 대해 사용자가 근로기준법 제61조 제2항 신설조항에 따라 적법하게 사용 촉진한 미사용 연차휴가에 대해서는 금전의무가 면제되므로, 이 경우 퇴직일에 해당 근로자에게 30일분에 해당하는 연차휴가미사용수당을 지급하여야 할 것으로 사료되고,

사용자가 근로기준법 제61조 제2항 신설조항에 따른 연차휴가 사용 촉진을 하지 않은 경우, 해당 근로자의 근로기준법 제60조 제2항에 따른 휴가는 입사일로부터 1년 동안 사용하지 않은 경우 소멸되므로 미사용한 연차휴가에 대해서는 별도로 정한 바가 없다면 연차휴가청구권이 소멸한 달의 통상임금으로 지급하여야 할 것이며,

질의사례 근로자의 퇴직일에는 해당 근로자에게 30일분에 해당하는 연차휴가미사용수당을 지급하여야 할 것으로 사료됩니다(고용노동부 고객상담센터 인터넷상담과-2AA-2003-0546423, 2020.04.02.).

3년 이상 계속 근무한 1년 계약직 근로자에 대한 연차휴가 부여

사례

Q 1년 계약직으로 1년마다 퇴직금을 정산하는 기간제근로자에게 연간 8할 이상 출근 시 매년 연말에 퇴직금 정산 시 15일의 연차휴가 미사용분을 지급하고 있는데, 근로기준법 제60조에 따라 3년 이상 계속 근로 시 16일로 연차 유급휴가를 가산해서 부여해야 하나요?

A 1년 계약직으로 사용하고 있는 보훈도우미가 3년 이상 계속 근무한 경우 가산휴가를 부여하여야 하는지에 대하여, 1년마다 퇴직금을 정산하는 것이 근로자퇴직급여보장법 제8조 제2항에 따른 퇴직금 중간정산이라면 근로관계의 종료를 의미하는 것이 아니므로 연차 유급휴가 산정 시 근로기준법 제60조 제4항에 따라 가산휴가를 부여하여야 할 것입니다.

그러나 1년마다 퇴직금을 지급한 것이 근로자의 진의에 의한 하자 없는 퇴직의 의사표시에 의한 것이었다면 퇴직의 효과가 발생한 것으로 볼 수 있으며, 이때 근로자의 진의라 함은 퇴직금 수령을 위해 퇴직의 효과를 발생시키고자 하는 의사로 보아야 하고, 재입사를 하지 않겠다는 의사까지 있어야 하는 것은 아니라고 봅니다.

따라서 당사자 간 달리 정한 바가 없다면 연차 유급휴가 산정을 위한 계속 근로 연수는 재입사일부터 기산된다고 볼 수 있는바, 가산휴가를 부여하지 않아도 될 것으로 사료됩니다(근로기준과-802, 2010.02.16.).

입사 1년차에 부여받은 연차휴가 사용기간 및 미사용수당 지급시기

사례

Q 개정법 시행(2020.3.31.)에 따라 2019년 7월 1일 입사자의 경우 부여받은 연차휴가의 사용기간 및 미사용수당의 지급시기에 관해 질의합니다(100% 출근, 연차 미사용 전제).

1. 2019년 8월 1일에 1일의 휴가가 발생하면 2020년 7월 31일까지 사용 가능하며, 미사용 시 2020년 8월 1일(8월 급여)에 수당을 지급하면 되나요(개정법에 따르면 1년 미만자의 연차촉진은 2020.3.31. 시행 이후 연차부터 해당)?

2. 2020년 3월 31일 이후 발생한 연차부터는 개정법에 따라 총 3일(4.1, 5.1, 6.1)에 대해 연차촉진을 시행하면 되나요?

A 1. 질의내용과 같이 개정 연차휴가 관련 법령의 시행일자는 2020년 3월 31일(공포일)이며, 1년 미만 근로자 연차휴가의 경우 시행일 전에 이미 발생한 휴가는 종전의 규정에 따라 발생일로부터 1년 후에 소멸되며, 시행일 이후 발생한 휴가부터 개정법이 적용되어 입사일로부터 1년 후에 소멸됩니다.

따라서 2019년 7월 1일에 입사한 근로자의 근로기준법 제61조 제2항에 따른 휴가 중 2019년 8월 1일, 2019년 9월 1일, 2019년 10월 1일, 2019년 11월 1일, 2019년 12월 1일, 2020년 1월 1일, 2020년 2월 1일, 2020년 3월 1일자로 발생한 연차휴가(개정법 시행일 전 발생한 연차휴가) 총 8일에 대해서는 각 발생일로부터 1년간 사용이 가능하고, 별도의 규정이 없는 경우 휴가청구권이 있는 마지막 달의 통상임금 기준으로 연차휴가미사용수당을 지급하여야 할 것이며, 2020년 4월 1일, 2020년 5월 1일, 2020년 6월 1일자로 발생한 연차휴가(개정법 시행일 이후 발생한 연차휴가) 총 3일에 대해서는 입사일로부터 1년(2020.6.31.)까지 사용가능 할 것으로 사료됩니다.

2. 두 번째 질의와 관련하여, 근로기준법 제61조 제2항 제1호에 따라 사용자가 계속하여 근로한 기간이 1년 미만인 근로자의 같은 법 제60조 제2항에 따른 유급휴가의 사용을 촉진하기 위한 조치를 하였음에도 불구하고 근로자가 휴가를 사용하지 아니하여 같은 법 제60조 제7항 본문에 따라 소멸된 경우에는 사용자는 그 사용하지 아니한 휴가에 대하여 보상할 의무가 없고, 같은 항 단서에 따른 사용자의 귀책사유에 해당하지 아니하는 것으로 볼 것으로 사료됩니다(고용노동부 고객상담센터 인터넷상담과-2AA-2003-0547065, 2020.04.02.).

1년 초과 2년 미만 근로자의 퇴직 시 연차 개수

사례

Q

- 입사일 : 2017년 7월 10일
- 퇴사일 : 2018년 7월 20일
- 연차사용내역 : 2017년 13.5개 사용, 2018년 1개 사용

이와 같은 경우 퇴직 시 몇 개의 연차를 정산해야 하나요?

A 일반적으로 시행일인 2018년 5월 29일 이후 1년이 도래하는 자부터 개정 내용(법 제60조 제3항 삭제)이 적용될 것이며(2018년 5월 29일 기준 1년 미만 근로자인 경우 입사 1년차에는 11일, 2년차에는 15일 총 26일을 보장받을 수 있을 것임),

따라서 근무기간이 2017년 7월 10일 ~ 2018년 7월 20일 까지 근무한 경우 1년 미만 기간 11일 + 1년간 80% 이상 출근에 따른 15일 = 26일 발생하며, 근무기간 중 13.5일을 사용한 경우(26일 - 13.5일 = 12.5일)에 대하여 퇴사 시 미사용수당을 지급하여야 할 것으로 사료됩니다(고용노동부 상담센터, 2018.07.18.).

■ 1년 5개월 근무 후 퇴사 시 1년간 출근율 80% 이상인 경우라면, 1년 미만 기간동안 개근한 달에 대하여 발생하는 11일의 연차휴가를 포함하여 총 26일의 연차휴가가 발생할 것으로 사료됩니다(고용노동부 고객상담센터 인터넷상담과, 2020.05.16.).

☞ 개정법(2020.3.31. 시행) 이후 1년 미만자에 대해 연차사용 촉진을 하면 15일의 연차휴가가 발생함

PART 03

근로자 시기지정 및 변경 등

01

시기지정 및 시기변경

연차 유급휴가 신청 및 시기변경권 가능 여부

사례

Q

근로기준법 제60조(연차 유급휴가) 제5항

⑤ 사용자는 제1항부터 제4항까지의 규정에 따른 휴가를 근로자가 청구한 시기에 주어야 하고, 그 기간에 대하여는 취업규칙 등에서 정하는 통상임금 또는 평균임금을 지급하여야 한다. 다만, 근로자가 청구한 시기에 휴가를 주는 것이 사업 운영에 막대한 지장이 있는 경우에는 그 시기를 변경할 수 있다.

위와 같은 법조문을 근거로 사업장에서 인원 부족을 이유로 연차휴가의 시기변경권을 주장할 수 있나요?

A 다음의 판례와 행정해석을 참고하면 됩니다.

판례 및 행정해석

- 근로기준법에 의한 연·월차유급휴가는 근로자가 청구한 시기에 부여해야 하며, 다만 사용자가 사업운영에 막대한 지장이 있는 경우에는 그 부여 시기를 변경할 수 있습니다. 사업운영에 막대한 지장이 있는지 여부는 휴가청구자가 담당하는 업무의 성질, 작업의 바쁜 정도, 대행자의 배치난이도, 같은 시기에 휴가를 청구하는 자의 수 등을 고려하여 판단하되 사회

통념상 합리성이 있어야 합니다.

병가, 휴직, 이직 등의 사유로 일시적으로 인원이 부족하거나 휴가청구일이 집중되는 등의 이유로 사업운영에 막대한 지장이 있는 경우라면, 사용자는 적절한 시기변경권을 행사하여 그 부여 시기를 조정할 수 있다고 사료됩니다. 다만, 시기변경권은 휴가 부여 시기를 조정하는데 그쳐야 하며 인원 부족을 이유로 휴가 자체를 부여하지 않는 것은 법 위반이라고 봅니다(근기 68207-2062, 2001.6.28.; 근로기준정책과-7316, 2017.11.22.).

- 근로기준법 제60조 제5항의 규정에 따라 연차 유급휴가는 근로자가 청구한 시기에 주어야 합니다. 다만, 근로자가 청구한 시기에 휴가를 주는 것이 사업운영에 막대한 지장이 있는 경우에는 그 시기를 변경할 수 있습니다.

  구체적인 사실관계가 일부 불분명하여 정확한 답변은 곤란하나, 근로자들의 연차 유급휴가 사용목적이 권고사직을 받은 것에 대해 노동조합과 함께 항의를 위한 것이라고 하더라도, 집단적·일방적으로 연차 유급휴가를 청구함으로써 사업의 정상적 운영을 저해하는 경우가 아니라면 원칙적으로 연차 유급휴가는 근로자들이 원하는 시기에 부여해야 할 것으로 사료됩니다(근로기준과 - 1457, 2010.6.18.).

- '사업운영에 막대한 지장이 있는 경우'란 근로자가 지정한 시기에 휴가를 준다면 그 사업장의 업무능률이나 성과가 평상시보다 현저하게 저하되어 상당한 영업상의 불이익을 가져올 것이 염려되거나 그러한 개연성이 엿보이는 사정이 있는 경우를 말합니다. 이를 판단할 때에는 근로자가 담당하는 업무의 성질, 남은 근로자들의 업무량, 사용자의 대체 근로자 확보 여부, 다른 근로자들의 연차휴가 신청 여부 등을 종합적으로 고려하여야 합니다(서울고법 2018누57171, 2019.04.04.).

병가 사용 시 연차 유급휴가 선사용의 적법성 여부

사례

Q 당사는 취업규칙에 병가규정을 두고 있으며, 개인적 사정으로 부상 또는 질병 시 의사의 진단서를 첨부하면 먼저 15일까지는 연차휴가를 소진한 후에 병가를 쓰도록 규정하고 있습니다. 15일의 연차가 없을 경우에는 익년도 발생할 연차에서 선사용하는 것이 적법한가요?

A 병가는 근로기준법에 규정되어 있지 않으므로 병가 사용에 대해서는 단체협약 및 취업규칙 등에 규정되어 있는 경우 그에 따라 처리하면 되며, 근로자가 업무외 질병 등으로 병가 사용 시 연차휴가를 먼저 사용하도록 하는 것은 노사 약정에 따른 것으로 법 위반으로 단정하기는 어렵다고 할 것입니다.

다만, 근로자 신청 없이 다음 해 발생할 연차휴가를 병가 사용 시 의무적으로 선사용하도록 하는 것은 연차휴가 발생 여부가 불확정적이고 근로자의 정신적·육체적 휴양기회 제공 등을 위한 연차휴가의 취지에 반할 수 있으며 향후 발생할 연차휴가의 시기지정권을 침해할 우려가 있는 점 등을 고려해볼 때 근로기준법 위반의 소지가 있다고 사료됩니다(근로개선정책과-4027, 2014.07.18.).

연차휴가 사용 시기를 특정하지 않은 경우 무단결근 여부

사례

Q 사용 시기를 특정하지 않은 휴가의 사용을 무단결근으로 볼 수 있는지와 사용 시기를 특정하여 휴가를 사용하였으나 사용자의 승인이 없을 경우 결근 처리가 가능하나요? 즉, 연차 유급휴가는 신청하였는데 사업주의 승인 없이 사용하였다면 결근인가요?

A 연월차유급휴가청구권은 근로기준법상의 요건을 충족하는 경우에 당연히 발생하는 것이라 하더라도 발생된 휴가권을 구체화하기 위해서는 근로자가 어떤 휴가를 언제부터 언제까지 사용할 것인지에 관하여 특정해야 하며, 이 같은 특정을 하지 아니한 경우 무단결근으로 처리할 수 있을 것입니다.

다만, 근로자가 휴가 사용 시기를 특정하여 청구한 경우에는 사용자의 승인 없이 연차 유급휴가를 사용했다 하더라도 사용자가 시기변경권을 행사하지 않는 한 이를 당연히 결근 처리할 수는 없으며, 사용자가 시기변경권을 행사하려면 근로자가 청구한 시기에 유급휴가를 주는 것이 사업운영에 막대한 지장이 있어야 합니다(근기 68207-1569, 2002.04.16.).

해외연수 시 연차 차감 가능 여부

사례

Q 직원에게 해외연수를 보내줄 경우 항공료, 숙박비, 식비 등 모든 비용을 회사에서 지원합니다. 해외연수기간(1~2주)을 개인 연차에서 차감해도 법적으로 문제가 없나요?

A

- 위 질의는 연차휴가 사용 시기를 정하는 근로자의 '시기지정권' 위반에 해당합니다.
  아울러, 해외연수도 회사 업무를 위한 출장에 해당하기 때문에 개인 업무가 아닌 회사 업무에 연차를 사용하도록 강요할 수 없으며, 사용자의 지휘·감독하에 있는 근로시간에 해당하기 때문에 향후 미사용연차수당으로 지급할 수 있습니다.

※ 해외연수가 회사의 인정하에 이루어졌고, 교육훈련 수료 후 바로 업무에 복귀하여 계속적으로 근무가 이루어진 경우라면 해외연수기간은 소정근로일에서 제외하는 것이 타당하겠습니다. 이 경우 연차 유급휴가 일수는 산정대상기간 중 해외연수기간을 제외한 나머지 소정근로일수에 대한 출근율에 따라 산출된 휴가 일수에 당해 사업장의 연간 총소정근로일수에 대한 당해 근로자의 출근일수 비율을 곱하여 산정해야 할 것입니다(고용노동부 고객상담센터 인터넷상담과, 2019.06.10.).

■ 연차 유급휴가는 근로의무가 있는 날에 근로자의 휴가청구에 의해 근로의무가 면제된 날입니다.

귀 질의내용만으로는 구체적인 사실관계를 알 수 없어 명확한 답변은 어려우나, 연차 유급휴가는 근로자가 청구한 시기에 주어야 하며, 해외연수는 업무의 일환으로 보아야 할 것으로 해외연수기간을 연차 유급휴가 일수에서 차감하는 것은 타당하지 않는 것으로 사료됩니다(고용노동부 고객상담센터 인터넷상담과-2AA-2002-0435789, 2020.02.24.).

퇴사예정일까지 잔여연차를 사용하겠다고 할 경우

사례

Q 직원이 구두로 퇴사 의사를 밝혔는데 20일까지 근무하고 이후 연차를 사용하여 이달 말일자로 퇴사를 하려고 합니다. 후임자가 이달 중순에 입사 예정이라 20일 ~ 25일까지 업무인수인계를 위해 근무를 요청하였습니다. 이런 경우 법적으로 25일까지 근무를 종용할 수 있나요? 아니면 원래대로 21일부터 연차처리를 해야 하나요?

A 근로자가 연차휴가를 소진하고 퇴사한다면 사용자가 이를 거부할 수는 없습니다. 물론 연차휴가 사용이 근로기준법 제60조 제5항에 따라 사업장 운영에 막대한 지장이 있는 경우에는 그 시기를 변경할 수 있습니다. 잔여연차는 수당으로 지급하거나 연차사용으로 소진하는 방법이 있기 때문에 근로자의 선택사항입니다.

아울러, 취업규칙에서 정한 업무인수인계 규정에 따라 퇴사일까지 성실근무와 신의칙의의무가 있으며, 그럼에도 불구하고 근로자와 협의가 원활하게 이루어지지 않는다면 다음과 같은 방법을 사용할 수 있습니다.

근로자가 사직의사를 밝혔음에도 사용자가 사직의사를 거부할 경우 취업규칙에 별도의 기한이 없다면 민법 제660조에 따라 사직의사를 표시한 날로부터 30일이 경과해야 사직의 효력이 발휘됩니다. 따라서 사용자가 퇴사자의 사직의사를 거부할 경우 30일간은 출근의 의무가 발생되며, 출근하지 않으면 결근으로 처리하거나 근로자와 합의하여 해당 기간 동안 연차휴가를 사용한 것으로 처리할 수 있을 것입니다(근기 01254-312, 1992.03.04. 참고).

또한, 퇴직금 산정을 위한 평균임금도 퇴직의 효력이 발생한 달을 포함한 3개월간의 임금총액을 기준으로 이를 산정해야 하며(서울중앙지법 91가합89078, 1994.10.06.), 만일 해당 기간이 무급 처리되어 평균임금이 통상임금보다 적을 경우 통상임금을 기준으로 산정합니다(근로기준법 제2조 참고).

감염병 확산을 이유로 연차휴가 사용 강제 여부

사례

Q 회사 판단으로 감염병 확산 방지를 위해 근로자를 출근시키지 않고 연차에서 차감하는 경우에 문제가 있나요?

A

■ 감염병예방법 제41조의2에 따라 보건당국에 의해 입원·격리되는 경우가 아니지만 사업주 자체 판단으로 감염병 확산 방지를 위해 근로자를 출근시키지 않는 경우, 또는 그 밖의 이유로 휴업하는 경우에는 사업주가 휴업수당을 지급하여야 합니다.

여기서 휴업수당은 근로자의 휴가신청이 없으나 사업주 자체 판단으로 휴업 시 휴업기간 동안 근로자에게 평균임금의 70% 이상(평균임금의 70%가 통상임금을 초과하면 통상임금으로 지급 가능)의 수당 지급이 필요합니다. 다만, 정부의 격리조치 등 불가항력적으로 휴업 시 휴업수당은 미발생합니다.

또한, 사업장 여건에 따라 가능한 경우에는 유급휴가(단체협약·취업규칙에 따른 유급병가 등 규정이 있는 경우 유급병가 등 부여, 별도 규정이 없는 경우에도 가능한 경우 자발적으로 유급병가 부여 등) 등을 활용할 수 있도록 합니다(코로나19 예방 및 확산 방지를 위한 사업장 대응지침 제7판 참고 - 고용노동부, 2020.03.10.).

■ 연차 유급휴가는 근로자가 청구한 시기에 주어야 하므로 근로자의 의사와 관

계없이 강제로 사용하도록 할 수 없습니다.

근로기준법 제60조(연차 유급휴가) 제5항에 '사용자는 제1항부터 제4항까지의 규정에 따른 휴가를 근로자가 청구한 시기에 주어야 하고, 그 기간에 대하여는 취업규칙 등에서 정하는 통상임금 또는 평균임금을 지급하여야 한다. 다만, 근로자가 청구한 시기에 휴가를 주는 것이 사업운영에 막대한 지장이 있는 경우에는 그 시기를 변경할 수 있다.'고 규정하고 있습니다.

즉, 연차휴가는 근로자의 의지와 관계없이 강제 사용 등은 불가하며 사업장 여건에 따라 시차출퇴근제, 재택근무제, 원격근무제, 부서별 점심시간 시차운영 등을 활용할 수 있도록 해야 합니다.

근로자가 근로시간이 많은 날에만 휴가를 사용하려고 할 경우

사례

Q 근로자가 근로시간이 많은 날에만 연차휴가를 사용하려고 할 경우 회사는 휴가일을 변경할 수 있나요?

A 근로자가 연차휴가를 신청하는 경우 회사가 규정으로 별도 승인 절차를 두고 있더라도 특별히 연차휴가를 승인하지 않을 사유가 없는 이상 휴가 사용을 거부할 수 없습니다. 다만, 법에서는 '사업운영에 막대한 지장이 있는 경우'에 한하여 근로자의 연차휴가 신청에 대해 변경할 수 있는 '시기변경권'을 부여하고 있습니다.

만약 연차휴가를 신청한 근로자가 해당 일에 근무하지 않을 경우 회사에 업무적으로 큰 지장을 초래한다면 연차휴가를 다른 날로 사용하도록 할 수 있을 것입니다(대법 92누404, 1992.04.10.; 근기 68207-1569, 2002.04.16.)(궁금함이 쑥쑥 풀리는 유연근무제 Q&A, 2017.12. 고용노동부 고용문화개선정책과 참고).

감염병 재난으로 인한 비상상황을 이유로 연차 반려 가능 여부

사례

Q 근로자가 연차 유급휴가 사용을 요청했는데 회사에서는 코로나19 바이러스로 인한 비상상황을 이유로 연차를 반려할 수 있나요?

A

- 연차 유급휴가는 근로자가 청구한 시기에 주어야 합니다. 다만, 사업운영에 막대한 지장이 있는 경우에는 시기변경이 가능합니다.
  근로기준법 제60조(연차 유급휴가) 제5항에 '사업운영에 막대한 지장' 여부는 휴가 청구자 업무의 성질, 작업의 바쁜 정도, 같은 시기에 휴가청구자 수 등을 고려하여 판단하도록 규정하고 있습니다.

- 병가·휴직 등으로 일시적으로 인원이 부족하거나, 휴가청구일이 집중되는 등 사업 운영에 막대한 지장이 있을 경우에는 시기변경권 행사가 가능합니다. 다만, 이 경우에도 다른 날에 휴가일을 지정하는 등 휴가 부여 시기를 조정하는 데 그쳐야 하며, 휴가 자체를 부여하지 않는 것은 법 위반입니다(코로나19 관련 노동관계법 주요 Q&A, 2020.03.06. 고용노동부 참고).

건물 내 확진자 발생으로 임시폐점한 경우 연차 강제 사용 가능 여부

사례

Q 회사 건물 내 다른 층에 확진자 동선이 있어 회사가 2일간 폐점한 경우 근로자에게 연차휴가를 사용하도록 강제할 수 있나요?

A 감염병예방법에 따라 추가 감염 방지를 위한 방역당국의 대책으로 인한 휴업이 아닌, 감염 가능성이 낮음에도 임의로 휴업하거나 매출 감소 등으로 휴업을 실시하는 경우에는 사용자의 귀책사유에 의한 휴업에 해당하므로 휴업수당을 지급해야 합니다.

연차 유급휴가는 근로자가 청구한 시기에 주어야 하므로 근로자의 의지와 관계없이 강제로 사용하도록 할 수 없습니다(코로나19 관련 노동관계법 주요 Q&A, 2020.03.06. 고용노동부 참고).

02

휴일과 중복

약정유급휴일을 연차 유급휴가 사용일수에 포함 여부

사례

Q 회사가 경영사정이 어려워져서 근로자 합의에 의해 개인적인 연차휴가를 실시하려고 합니다. 예를 들어 12월 2일부터 12월 26일까지 연속으로 휴가를 실시하려는데, 이때 연차사용일수에 3일의 토요일(유급휴일)과 1일의 공휴일(25일)을 포함시킬 수 있나요?

A 다음의 행정해석을 참고하면 됩니다.

행정해석

- 유급휴가기간 중의 주휴일 또는 공휴일을 휴가 일수에 포함할 것인가는 그 휴일이 유급휴일인 경우에는 휴가 일수에서 제외하고, 무급휴일인 경우에는 포함하여 휴가 일수를 계산하는 것이 타당할 것입니다(근기 01254-3483, 1988.03.08.).
- 연·월차유급휴가는 근로일에 부여됨이 원칙이며 연·월차유급휴가를 사용한 날은 출근율 등을 산정함에 있어 그 성질상 출근한 것으로 보아야 합니다(근기 68207-2410, 2000.08.11.).
- 근로기준법 제60조에 규정한 연차 유급휴가는 원칙적으로 근로자가 청구한 시기에 사용할 수 있도록 하여야 하나 사업운영에 막대한 지장이 있는 경우에 한하여 사용자가 그 시기를 변경할 수 있습니다.

그러나 위 질의와 같이 회사 사정상 노·사가 합의하여 12.2부터 12.26까지 일괄적으로 연차 유급휴가를 사용하여 쉬기로 하였고, 그 기간 중에 사업장의 약정휴일이 포함되어 있다면 약정휴일은 제외하고 연차사용일수를 산정하는 것이 타당할 것으로 판단됩니다(근로조건지도과-2127, 2008.12.17.).

- 연차 유급휴가기간 중 약정휴(무)일이 포함된 경우에는 휴가 일수에서 제외하여야 하므로, '월~금요일'을 소정근로일, '토요일'을 무급휴무일, '일요일'을 유급휴일로 정한 사업장에서 '수~일요일'까지 휴가를 사용하는 경우 '수~금요일' 3일의 연차 유급휴가를 사용한 것으로 보아야 할 것입니다(고용노동부 고객상담센터 인터넷상담과, 2020.04.11.).

따라서 약정유급휴일(공휴일)을 제외하고 연차를 신청해야 합니다.

연차휴가 사용 시 유급휴일수당(주휴수당) 지급 여부

사례

Q 사용자는 근로기준법 제60조에 의한 1년간 8할 이상 출근한 근로자에게 15일의 유급휴가를 주어야 하며, 연차휴가를 사용했을 경우 1주간 소정의 근로일수를 개근한 것으로 보아 유급휴일수당(주휴수당)을 지급해야 하나요?

A 주휴일 산정을 위한 출근율은 소정근로일을 가지고 계산하여야 하고, 여기서 소정근로일은 근로제공의무가 있는 날을 말합니다.

따라서 근로기준법에 의한 연차 유급휴가를 사용한 날은 근로의무가 면제되어 소정근로일에 해당하지 아니하므로 주휴일 산정은 연차휴가를 사용한 날을 제외한 나머지 소정근로일을 개근한 경우 부여하되, 다만 해당 주의 전부를 쉬었을 경우는 부여할 필요가 없다 할 것입니다(근로조건지도과 - 3102, 2008.8.8.).

예를 들어 주 5일 근무하는 사업장에서 2일 연차 유급휴가 사용, 나머지 3일은 휴업(사용자 귀책사유)을 실시한 근로자의 경우 동 근로자는 당해 1주 동안 소정근로일이 2일에 불과하고, 동 소정근로일 전부를 연차휴가를 사용하여 쉬었으므로 유급주휴일을 부여할 필요가 없습니다(고용노동부 고객상담센터 인터넷상담과, 2019.06.10.).

☞ 고용노동부의 행정해석은 주휴의 성질에 비추어 주의 전부를 출근하지 아니한 경우에는 이를 부여하지 않아도 된다는 입장입니다.

PART 04

연차수당, 연차휴가 촉진 등

01

연차휴가 부여

통상 근로자가 없는 사업장에서 주 40시간 미만 근로자의 연차 유급휴가 산정방법

사례

Q 통상 근로자가 없는 사업장에서의 주 40시간 미만 근로자의 연차 유급휴가 산정은 어떤 방법으로 하나요?

A 근로기준법에 따라 사용자는 1주 동안의 소정근로일을 개근한 자에게 1주일에 평균 1회 이상의 유급휴일을 주어야 하며(제55조), 단시간근로자의 근로조건은 그 사업장의 같은 종류의 업무에 종사하는 통상 근로자의 근로시간을 기준으로 산정한 비율에 따라 부여하면 됩니다(제18조 제1항).

위 질의만으로 구체적인 사실관계를 알 수 없어 명확한 답변은 어려우나, 유급휴일에 대한 수당은 근로형태가 통상적이고 규칙적인 경우에는 정상근로일의 소정근로시간을 기준으로 지급하면 될 것입니다.

다만, 질의와 같이 사업장 내에 통상 근로자가 없는 경우라 하더라도 주 소정근로시간이 16시간 등 근로형태가 단시간근로자의 근로형태와 동일한 경우에는 단시간근로자의 1일 소정근로시간 수 산출방식을 준용하는 것이 합리적이므로 주 40시간에 비례하여 산정한 주휴수당을 지급하면 될 것으로 판단됩니다.

근로기준법 제60조의 연차 유급휴가는 장기간의 성실한 근로에 대한 보상으로 일정기간 근로의무를 면제하여 주는 것으로 근로자가 청구한 시기에 주어야 합니다. 따라서 애초에 근로의무가 없는 휴무일을 연차 유급휴가 사용일로 정한 것이라면 연차 유급휴가를 사용하였다고 볼 수 없으므로 연차휴가 미사용 일수에 대한 수당을 지급해야 할 것입니다(근로기준정책과-5943, 2017.09.25.).

입사일 기준 연차 유급휴가 부여 및 취업규칙 불이익 해당 여부

사례

Q 당 사업장은 연차 유급휴가의 산정시점을 회계연도(1.1.~12.31.) 기준으로 하고 있습니다. 회사에서 취업규칙을 변경하여 연차휴가의 산정단위를 전체 회계연도 기준에서 개별 근로자 입사일 기준으로 변경하는 것이 불이익 변경에 해당하나요?

A 근로기준법 제60조의 연차 유급휴가의 부여 요건인 출근율의 산정기준일은 근로자의 개인별 입사일을 기준으로 정하는 것이 원칙이나, 사업장의 노무관리 편의 등을 위하여 취업규칙 등에 의하여 전 근로자에게 회계연도(1.1.~12.31.)를 기준으로 일률적으로 정할 수도 있습니다. 이때 중도 입사자에 대하여는 입사한 지 1년이 되지 않는 기간에 대하여도 연차 유급휴가를 일할 계산하여 부여하고, 퇴직연도에 있어서는 개별 근로자의 입사일을 기준으로 산정한 연차 유급휴가 일수와 취업규칙 등에 따라 부여한 연차 유급휴가 일수를 비교하여 부족할 경우에는 추가로 연차 유급휴가를 부여하는 등 근로자에게 불이익하지 않도록 하여야 합니다.

연차 유급휴가를 회계연도 기준에서 개별 근로자의 입사일 기준으로 하거나 퇴사시점에 입사일 기준으로 재산정하도록 취업규칙을 변경하는 것은 회계연도 중에 입사한 일부 근로자에게는 연차 유급휴가 일수가 줄어들게 되는 결과를 가져오므로 취업규칙의 변경 시 불이익 변경 절차를 거쳐야 할 것으로 사료됩니다(임금근로시간정책팀-489, 2008.02.28.).

회계연도 기준으로 연차휴가관리의 적법성 및 정산방법

사례

Q 당사는 직원이 많아서 회계연도로 연차휴가를 관리하고 있습니다. 입사일 관리가 원칙이나 노무관리의 어려움으로 연차휴가를 회계연도(1.1.~12.31.) 기준으로 관리해도 법 위반이 아닌가요?

A 다음의 행정해석을 참고하면 됩니다.

행정해석

- 회계연도를 기준으로 휴가를 계산하는 경우로써 연도 중 입사한 근로자에게 불리하지 않게 휴가를 부여하려면, 입사한 지 1년이 되지 않은 기간에 대하여는 입사연도의 근속기간에 비례하여 유급휴가를 부여하고 그 후부터는 회계연도를 기준으로 휴가 일수를 산정하여 부여하되, 퇴직시점에서 근로자의 입사일을 기준으로 산정한 휴가 일수와 비교하여 미달하는 경우에는 그 미달하는 일수만큼 정산해 주어야 합니다(임금근로시간정책팀-2888, 2007.09.11.).
- 연차 유급휴가를 산정하기 위한 산정대상기간의 기산일은 근로자 개인별로 정함이 원칙이나, 노무관리의 편의를 위하여 취업규칙 등으로 회계연도(1.1.~12.31.)를 기준으로 일률적으로 정할 경우 연도 중 입사한 근로자에게 불리하지 않도록 계속 근로연수 1년 미만의 근로자에 대하여는 다음 연도에 입사연도의 근속기간에 비례하여 휴가를 부여하고, 이후 연도부터는 회계연도를 기준으로 연차휴가를 부여하면 될 것입니다(근로기준과-3836, 2004.07.27.).

■ 연차 유급휴가는 개인별 입사일을 기준으로 산정해야 함이 원칙이나 노무관리의 편의를 위해 회계연도 등을 기준으로 전 근로자에게 일률적으로 부여할 수 있다 할 것이고, 이 경우 근로자에게 불리하지 않아야만 합니다(근로조건지도과-1755, 2008.05.29.).

■ 회계연도를 기준으로 휴가를 계산할 경우 연도 중 입사자에게 불리하지 않게 휴가를 부여하려면, 입사한 지 1년이 되지 못한 근로자에 대하여도 다음 연도에 입사년도의 근속기간에 비례하여 유급휴가를 부여하고 이후 연도부터는 회계연도를 기준으로 연차 유급휴가를 부여하면 됩니다.
다만, 퇴직시점에서 총 휴가 일수가 근로자의 입사일 기준으로 산정한 휴가 일수에 미달하는 경우에는 일수에 대하여 연차휴가근로수당으로 정산해야 할 것으로 사료됩니다(근로개선정책과-5352, 2011.12.19.).

퇴직근로자의 회계연도와 입사일 기준 연차수당 정산방법

사례

Q 근로자의 입사일자는 2014년 8월 1일, 퇴사일은 2019년 9월 30일인 경우와 퇴사일이 7월 30일인 경우 연차수당 정산방법은?

A

■ 연차휴가 산정기간을 노무관리의 편의를 위해 회계연도를 기준으로 전 근로자에 일률적으로 적용하더라도 근로자에게 불리하지 않아야 하므로 퇴직시점에서 총 휴가 일수가 근로자의 입사일을 기준으로 산정한 휴가 일수에 미달하는 경우에는 그 미달하는 일수에 대하여 연차 유급휴가미사용수당으로 정산하여 지급하여야 할 것으로 사료됩니다.

만약 입사일이 2014년 8월 1일, 퇴사일이 2019년 9월 30일이 아니고 7월 30일이라면 회계연도 기준으로 연차 유급휴가를 산정하는 것이 더 유리한 경우가 발생하며, 회계연도 기준에 따라 연차 유급휴가미사용수당을 지급하여야 합니다.

1. 2014년 8월 1일 입사 ~ 2019년 9월 30일 퇴사
   - 입사일 기준 : 총 79일
   - 회계연도 기준 : 총 69일(절상)

   ☞ 입사일 기준에 따라 연차 유급휴가미사용수당 지급

2. 2014년 8월 1일 입사 ~ 2019년 7월 30일 퇴사

- 입사일 기준 : 총 62일
- 회계연도 기준 : 총 69일(절상)

☞ 회계연도 기준에 따라 연차 유급휴가미사용수당 지급

(근로기준과-5802, 2009.12.31. 참고)

■ 2018년 7월 1일 입사자의 2020년 6월 30일 퇴사 vs 2020년 7월 31일 퇴사 시 연차 산정 예시

1. 2020년 6월 30일 퇴사할 경우

회계연도 기준		입사일 기준	
발생일자	부여일수	발생일자	부여일수
1년 미만	11일	1년 미만	11일
2019.01.01.	7.6일	2019.07.01.	15일
2020.01.01.	15일	2020.07.01.	-
합계	33.6일	합계	26일

2. 2020년 7월 31일 퇴사할 경우

회계연도 기준		입사일 기준	
발생일자	부여일수	발생일자	부여일수
1년 미만	11일	1년 미만	11일
2019.01.01.	7.6일	2019.07.01.	15일
2020.01.01.	15일	2020.07.01.	15일
합계	33.6일	합계	41일

취업규칙에 회계연도로 연차 부여하고 퇴사 시 입사일 기준 명시할 경우 적법성 여부

사례

Q 당사의 취업규칙에는 '회계연도 기준으로 연차를 부여하지만 퇴사 시에는 입사일 기준으로 재정산한다.'라고 규정되어 있으며 직원 입사할 때도 안내합니다.

퇴사시점에서 입사일보다 회계연도 기준이 유리할 경우 회계연도 기준으로 정산해야 한다고 하는데, 당사 취업규칙에 명시한 규정과는 상관없이 회계연도보다 입사일이 불리하면 회계연도 기준으로 무조건 정산해야 하나요?

A ■ '취업규칙에 회계연도로 연차 부여하고 퇴사 시 입사일 기준 명시할 경우'에 대하여 질의한 것으로 판단되며 답변은 아래와 같습니다.

연차 유급휴가를 산정하기 위한 기산일은 근로자 개인별로 정하는 것이 원칙이므로 개별 근로자의 입사일 등 실제로 근로제공을 개시한 날이 되는 것이나, 노무관리의 편의상 단체협약, 취업규칙 등에 의하여 회계연도를 기준으로 전 근로자에 대해 일률적으로 기산일을 정할 수 있을 것이며,

다만, 연차휴가 산정기간을 회계연도를 기준으로 전 근로자에 일률적으로 적용하더라도 근로자에게 불리하지 않아야 하므로 퇴직시점에서 총 휴가 일수가 근로자의 입사일을 기준으로 산정한 휴가 일수에 미달하는 경우에 그 미달하는 일수에 대하여 연차 유급휴가미사용수당으로 정산하여 지급하여야 하

고, 입사일 기준으로 산정한 연차 유급휴가보다 회계연도를 기준으로 연차 유급휴가를 산정하는 것이 더 유리한 경우에는 회계연도 기준에 따라 연차 유급휴가미사용수당을 지급하여야 합니다.

또한, 회계연도를 기준으로 휴가를 계산할 경우 연도 중 입사자에게 불리하지 않게 휴가를 부여하려면 입사한 지 1년이 되지 못한 근로자에 대하여도 다음 연도에 입사연도의 근속기간에 비례하여 연차 유급휴가를 부여하고 이후 연도부터는 회계연도를 기준으로 연차 유급휴가를 부여하면 될 것입니다. 다만, 취업규칙에 퇴사 시 입사일 기준으로 정산한다는 규정을 둔다 하더라도 법정 기준에는 미달하는 것은 아니므로 이를 법 위반으로 보기는 어려울 것입니다. 따라서 취업규칙이나 근로계약 등에 '퇴직 시 입사일 기준으로 재정산한다.'는 규정이 있는 경우라면 그에 따라 재정산하는 것은 가능할 것으로 사료됩니다 (고용노동부 고객상담센터 인터넷상담과-2AA-2002-0430706, 2020.02.24.).

■ 취업규칙으로 연차 유급휴가를 회계연도(1.1.~12.31.) 기준으로 하고 있는 사업장에서 2006년 9월 1일부터 2007년 12월 31일까지 근무한 근로자라면, 취업규칙에서 퇴직시점에 입사일 기준으로 재산정한다는 별도의 단서가 없는 이상 연차 유급휴가는 2006년 9월 1일부터 2006년 12월 31일까지의 기간에 대하여 5일을, 2007년 1월 1일부터 2007년 12월 31일까지의 기간에 대하여 15일을 각각 부여하여야 할 것으로 보입니다(임금근로시간정책팀-489, 2008.02.28.).

☞ 위의 행정해석대로 회계연도 기준으로 연차를 산정할 경우 퇴사 시 입사일 기준으로 정산한 휴가보다 회계연도 방식이 많을 경우 퇴직시점에 입사일 기준으로 재산정한다는 별도의 단서가 없는 한 회계연도 기준으로 발생한 휴가일수 전체를 정산해야 합니다.

연차휴가 가불의 적법성 여부

사례

Q 직원이 연차를 초과해서 사용했습니다. 내년도 연차를 당겨서 사용할 수 없는지 문의를 했는데 연차의 가불 사용이 가능한가요?

연차가 발생한 이후 본인의 연차를 부여하고 부여일수 내에서 사용을 해야 하지만, 근로자 편의를 위해 마이너스 연차(연차 가불)를 부여할 경우 나중에 퇴사한다면 환수에 대한 방안이 있나요?

A

- 연·월차유급휴가제도는 근로자의 피로를 회복시켜 노동력의 유지 배양을 도모하는 데 그 목적이 있고 원칙적으로 동 청구권의 발생은 연월차청구사유(만근, 계속 근로) 등 발생 이후에 부여함이 원칙인 것이나, 사용자는 근로자의 요구와 편의를 위하여 연월차휴가를 미리 가불 형식으로 부여할 수도 있습니다(법무 811-27576, 1980.10.23.).

- 당사자가 합의하는 경우에는 연차 유급휴가를 선사용하는 것도 가능하나, 다만 연차 유급휴가를 사용할 권리는 원칙적으로 연차 유급휴가가 발생한 이후에 행사가 가능하다고 할 것이므로 근로자가 권리로써 주장하거나 사용자가 근로자의 선사용 요구를 반드시 수용하여야 하는 것은 아닙니다.

  다만, 당사자 간 연차 유급휴가 선사용을 합의하였다면 선사용에 따른 임금

정산 등에 대하여도 당사자 간 정하는 것이 바람직할 것이며, 퇴직 시 초과된 연차 유급휴가 사용분을 임금에서 공제하기 위해서는 해당 근로자의 동의가 있어야 할 것입니다(고용노동부 고객상담센터-인터넷상담과-2AA-2002-0435840, 2020.02.24.).

소수점 이하의 연차휴가 처리방법

사례

Q 연차휴가를 비례 부여하면 소수점이 발생하는데 절상을 해야 하나요? 절사를 해도 법적으로 문제는 없나요?

A 연차휴가 일수가 소수점 이하로 발생할 경우 신·구법 계산분을 합산하여 잔여 소수점 이하에 대하여는 수당으로 계산 지급하는 것도 가능하나 가급적 근로자에게 불이익이 없도록 노사합의로 1일의 휴가를 부여하여야 할 것입니다(근기 01254-5561, 1989.04.17.).

이에 대한 구체적인 법령 및 행정해석은 없습니다. 통상 소수점 둘째자리에서 올림 하는 등 근로자에게 불이익 하지 않게 처리하여야 합니다. 따라서 절사하는 경우 근로자에게 불이익에 해당하기 때문에 적절치 못하며, 반차가 있는 경우 반차제도를 활용하거나 절상 또는 수당으로 지급하여야 합니다.

1일 4시간 연차휴가 부여 가능 여부

사례

Q 연차촉진을 위해 반차(1일 4시간)휴가를 도입하려고 합니다.

0.5일(반차) 연차휴가 도입이 가능한가요?

A 여기서 '일'의 개념은 일하기로 정한 단위근무일을 의미합니다. 따라서 토요일 휴가 시에도 1일로 처리하는 것이 원칙입니다. 하지만 노조와 회사 간에 체결된 단체협약이나 회사 내 사규, 근로자와 회사 간에 체결한 개별근로계약을 통해 4시간 근무일인 토요일을 0.5일(반차)로 정하여 휴가제도를 운용한다 하더라도 근로기준법 위반 문제는 발생하지 않습니다(근기 68207-2112, 2000.7.4.).

토요일 4시간 근무하는 사업장에서 연차휴가를 사용한다면 0.5일(반차)로 본다는 행정해석을 근거로 일반 사업장에서 반차제도를 도입해도 무방합니다.

군 복무 휴직기간에 대한 연차 처리

사례

Q 군 복무를 마치고 복직한 직원이 있는데 연차휴가를 어떻게 부여해야 하나요? 예를 들어 2019년 군복무를 하고 2020년에 복직 시 연차휴가 '0'일을 부여해야 하나요?

A 다음의 행정해석을 참고하면 됩니다.

행정해석

- 근로자가 재직 중 병역법에 의하여 군에 입영하였을 경우 근로기준법 제48조 제2항의 규정에 의한 연차휴가 가산일 산정은 군복무기간을 계속 근로로 인정, 이를 포함하여야 할 것이나, 같은 법 제48조 제1항의 규정에 의한 유급휴가 기산일은 군 제대 후 당해 사업장에 복직한 날부터 기산하면 되는 것입니다(근기 01254-18611, 1987.11.24.).
- 군대로 인한 휴직에 대해서는 별도의 법규정이 없어 출근 인정 및 경력 인정에 대해서는 사업장의 취업규칙 등에 준용할 수 있을 것이며, 연차계산 시 군대로 인한 휴직기간은 별도의 취업규칙 등이 없다면 소정근로일수에 포함하고 결근으로 처리됩니다(고용상담센터, 2018.06.11.).

근로기준법 제60조 제1항 및 제2항에 따른 연차 유급휴가를 부여하는 경우 같은 법 제60조 제6항 각호(업무상 부상 또는 질병으로 인한 휴업기간, 산전후휴가기간, 육아휴직기간)의 어느 하나에 해당하는 기간은 출근한 것으로 보나,

군 복무를 위한 휴직기간은 같은 법 제60조 제6항에 따라 출근한 것으로 보는 기간에 해당하지 않습니다. 전년도에 군 복무 등 특별한 사유로 인해 일부만 출근한 경우, 특별한 사유로 근로제공의무가 정지되는 날 또는 기간은 소정근로일에서 제외하고 나머지 소정근로일의 출근율이 80% 이상이라면, 출근율에 비례하여 연차휴가를 부여합니다(1년 전체의 80% 이상 출근 시 부여해야 하는 연차휴가 일수가 15일이고, 실제 근로기간이 6개월인 경우에는 7.5일 부여).

전년도에 군 복무 등 특별한 사유로 인해 일부만 출근하고, 근로제공의무가 정지되는 날을 제외한 나머지 소정근로일의 출근율이 80% 미만인 경우에는 같은 법 제60조 제2항에 따라 전년도에 개근한 월마다 1일의 연차휴가가 발생합니다.

연차휴가는 전년도 출근율에 따라 부여되므로, 전년도에 군 복무로 인해 전년도에 연간 근로일수 전체를 휴업한 경우에는 별도의 연차휴가를 부여하지 않습니다(고용노동부 노동정책실 근로감독정책단 임금근로시간과, 2020.02.04.).

일시 사역 인력의 연차 유급휴가 산정기준

사례

Q 매년 1월 1일 ~ 11월 30일까지(11개월간) 근로계약을 하고 저소득층 가정지도를 하며, 매년 재계약을 체결하기 때문에 고용에 대한 기대심리가 높습니다. 이 경우 기본연차휴가 및 가산휴가를 부여해야 하나요? 아니면 1년 미만 근속자로 인정하여 1개월 만근 시 1일 휴가를 부여해야 하나요?

A

- 저소득층 가정지도 등의 분야에 1988년부터 현재까지 매년 11개월간(1.1.~11.30.) 근로계약을 체결하고, 근로조건 등에 있어 동질적인 근로계약이 반복적으로 갱신되었고, 이에 따라 근로자들도 고용에 대한 기대심리가 높다면 계속 근로로 인정될 수 있을 것입니다.

  계속 근로가 인정될 경우 구舊 근로기준법 제59조 제1항의 규정에 의한 연차 유급휴가를 1년간의 소정근로일수의 출근율에 따라 부여하되, 같은 법 같은 조 제3항의 가산휴가도 부여하여야 합니다.

  다만, 연차 유급휴가 일수 산정에 있어서 계속 근로 연수 및 출근율에 의하여 산정된 연차 유급휴가 일수에 근로관계가 중단되었던 기간(12.1.~12.31.) 만큼은 그 비율에 비례하여 감하면 될 것입니다(임금근로시간정책팀-365, 2005.11.03.).

■ 기간제근로자의 근로계약기간이 만료된 후 근로계약기간을 제외하고는 동일한 내용으로 근로계약을 갱신 체결한 것으로 보여지는바, 이 경우 달리 볼 사정이 없는 한 연차휴가를 산정하기 위한 계속 근로기간은 최초 근로제공일부터 기산하여야 하며, 갱신 체결한 근로계약기간의 장·단에 따라 달라지는 것은 아닙니다(근로기준정책과-1725, 2015.4.28.).

연차 유급휴가 이월 사용 가능 여부

사례

Q 2018년도 출근율에 의하여 발생한 연차 유급휴가에 대하여 근로자가 2019년 1월 1일 ~ 12월 31일까지 육아휴직으로 연차 유급휴가를 사용하지 못할 경우, 2020년도에 2018년도에 발생한 연차 유급휴가를 사용하도록 하고 미사용된 연차 유급휴가에 대한 미사용수당은 2021년 1월 임금지급일에 지급할 경우 근로기준법 제60조를 위반하는 것인가요?

A 다음의 행정해석을 참고하면 됩니다.

행정해석

- 연차휴가는 휴가 발생 이후 1년간 행사하지 아니하면 휴가청구권이 소멸되고 미사용한 휴가 일수에 대하여는 수당청구권이 발생합니다.

  질의는 전년도 출근율에 의하여 발생된 연차 유급휴가를 사용할 당해연도 전체를 육아휴직한 근로자의 직무 복귀 시 연차휴가 사용에 관한 것으로 보여지며, 노사 당사자는 휴가청구권이 소멸되는 미사용 휴가에 대하여 금전보상 대신 이월하여 사용하도록 합의하는 것은 가능할 것이나, 근로자의 의사에 반해 사용자가 이를 강제할 수는 없을 것으로 사료됩니다 (근로조건지도과-1046, 2009.02.20. 참조).

  한편, 미사용한 휴가 일수에 대한 수당청구권은 휴가 사용이 이월된 연차휴가의 휴가청구권이 소멸된 직후의 임금지급일에 발생한다고 할 것입니다(근기 68207-687, 1999.11.22. 참조).

- 근로기준법 제60조 제7항에 따라 사용자의 귀책사유로 근로자가 연차 유급휴가를 사용하지 못한 경우에는 휴가청구권 발생일로부터 1년이 지나더라도 휴가청구권은 소멸되지 않고 이월됩니다.

  다만, 휴가청구권이 소멸된 미사용 휴가에 대해 금전보상 대신 이월하여 사용하도록 당사자 간 합의는 가능하다 할 것이나, 근로자의 의사에 반해 사용자가 일방적으로 강제할 수는 없다 할 것입니다(근로조건지도과-1046, 2009.02.20.).

- 연차 유급휴가는 1년간 행사하지 아니한 경우 소멸되므로, 미사용연차에 대한 휴직 이후 복직한 상태에서 이월 사용 여부는 단체협약 등에 별도의 규정이 있는 경우에 한해 가능하다 할 것입니다(근로조건지도과-1058, 2008.04.24.).

시간 단위의 연차 유급휴가 사용 가능 여부

사례

Q 근로자가 청구할 경우 연차 유급휴가를 시간 단위로 사용할 수 있나요?

A 근로기준법 제60조는 연차 유급휴가를 규정하고 있습니다. 사용자는 1년간 80% 이상 출근한 근로자에게 15일의 유급휴가를 부여해야 하며(제1항), 연차휴가는 근로자가 청구한 시기에 주어야 하나 청구한 시기에 휴가를 부여하는 것이 사업운영에 막대한 지장이 있는 경우에는 그 시기를 변경할 수 있습니다(제5항).

질의는 근로자가 청구할 경우 연차 유급휴가를 시간 단위로 사용할 수 있는지에 대한 것으로 보이는바, 연차 유급휴가는 근로제공의 의무를 면제하는 것이며, 원칙적으로 '일' 단위로 부여해야 하나 당사자 간 합의로 '일'의 일부를 분할하여 부여할 수도 있을 것입니다(근기 68207-934, 2003.7.23.).

하지만 연차휴가의 취지가 근로자의 피로 회복과 건강 확보 및 여가 이용을 통한 사회·문화적 생활 향상을 도모하기 위한 것이고, 사업운영에 막대한 지장이 없는 한 근로자가 청구한 시기에 부여해야 하는 점을 고려하면, 업무의 많고 적음에 따라 특정 시간대에만 사용토록 하는 것은 동 휴가제도의 취지와 맞지 않는다 할 것입니다(근로기준정책과-2431, 2017.04.07.).

따라서 당사자 간 합의하는 경우 연차를 4시간(반차) 또는 2시간 단위로 부여할 수 있습니다.

연차 유급휴가청구권의 반납 가능 여부

사례

Q 회사는 경영 악화로 연차휴가를 적극 사용을 권장하였으나 인건비 절감 차원에서 직원 모두 자진 반납하고 스스로 출근해서 근무하고 있습니다. 퇴직한 일부 직원들이 연차미사용분에 대하여 보상금을 지급 요청하는데 이를 지급해야 하나요?

A 연월차 유급휴가는 일정한 요건에 해당하면 당연히 부여하여야 하는 것으로서 근로자가 반납을 결의하였다 하더라도 이는 강행규정에 위배되어 무효가 된다고 봄이 타당합니다.

따라서 연월차 유급휴가의 반납이란 원칙적으로 있을 수 없으며, 실제 휴가를 사용하지 아니하고 출근하여 근무를 하였다면 휴가를 사용하지 아니하고 근로한 일수에 상응하는 유급휴가근로수당이 발생한다고 사료됩니다.

위 질의에서 연월차 유급휴가를 자진반납한다는 의미가 순수한 휴가반납을 의미하는지, 일반적으로 사용되는 유급휴가근로수당을 의미하는지 알 수 없으나 만약 연월차 유급휴가를 사용하지 아니하고 근로한 경우에 발생하는 연월차 유급휴가근로수당을 의미한다면 이는 근로자의 자유의사에 의하여 일부 또는 전부를 반납할 수 있다고 사료됩니다(근기 68207-1666, 2000.05.31.).

원격근무제 운영 시 연차휴가 부여방법

사례

Q 원격근무제를 운영하고 있습니다. 연차 유급휴가는 어떻게 적용하나요?

A 원격근로자에게도 연차 유급휴가는 통상의 근로자들과 동일하게 적용됩니다. 특례가 적용되는 이동형 원격근무의 경우에도 그 적용범위는 '근로시간 계산'에 관한 부분에 한하므로, 휴가 등은 그대로 적용됩니다(궁금함이 쏙쏙 풀리는 유연근무제 Q&A, 2017.12. 고용노동부 고용문화개선정책과 참고).

행정해석

- 소정근로일과 소정근로시간 등을 정하지 아니한 외근업무 종사자의 경우 특별한 사정이 없는 한 출근율 계산 시 개근한 것으로 보아야 한다.

외근업무의 특성상 소정근로일, 시업 및 종업시각, 소정근로시간 등에 관하여 노사가 사전에 특정하지 않은 경우 특별한 사정이 없는 한 연·월차유급휴가 산정을 위한 출근율 계산 시 개근한 것으로 보아야 한다(근기 68207-287, 2003.03.13.).

재택근무자의 휴가 부여방법

사례

Q 회사에 일부 재택근무자가 있습니다. 재택근무자의 휴가는 어떻게 적용하나요?

A 취업규칙에서 재택근로에 종사하는 통상 근로자들에 대한 휴가 및 휴식에 관해서 별도의 규정을 두고 있지 않는 경우에는 통상적 근로에 종사하는 근로자들의 근로시간 및 휴가, 휴식에 관한 취업규칙의 내용이 그대로 적용됩니다.

이와 관련하여 사용자는 근로시간과 비근로시간(예컨대 휴가나 병가 등으로 인하여 근로하지 못하는 시간)에 관한 사항을 사전에 약정에 두는 것이 바람직합니다.

※ 재택근무제 휴가·휴게 관련 규정(예시)

① 근무시간 및 휴게시간, 휴가는 취업규칙 제OO조에서 정한 시간과 동일하게 운영한다.

② 재택근무자는 재택근무일 근무시간 중 소속 부서와 상시 연락체계를 유지하여야 한다.

③ 재택근무일 및 사무실 근무일 모두 휴가 사용 가능하며, 시간외 근무는 사무실 근무일에만 실시할 수 있다.

주 40시간, 주 6일제 근무형태에서 연차휴가 부여방법

사례

Q 주 40시간 사업장으로 주 6일제 근무를 하고 있습니다(매주 토요일 4시간 근무). 직원이 토요일 4시간 근무를 하였는데 연차휴가를 신청하였습니다. 연차휴가를 1일 부여하면 되나요? 아니면 연차휴가를 4시간을 부여해야 하나요?

A 질의내용은 '연차 유급휴가 사용 단위'에 관한 것으로 이해됩니다.

취업규칙 내용 등 구체적인 사실관계를 알 수 없어 정확한 답변을 드리기는 어려우나, 연차 유급휴가는 원칙적으로 단시간근로자를 제외하면, 시간 단위가 아닌 일 단위로 부여되는 것이어서, 1일 소정근로시간이 4시간인 토요일에 연차 유급휴가를 사용할 경우 연차 유급휴가 1일을 사용한 것이 됩니다.

따라서 이 경우 회사에서는 추가로 4시간의 연차 유급휴가를 부여할 의무가 없습니다. 다만 근로자의 신청에 따라 사업주가 이를 승인하거나, 취업규칙 등에서 연차 유급휴가를 시간 단위로 사용할 수 있도록 규정되어 있다면 연차 유급휴가 4시간 사용으로 처리할 수도 있을 것입니다(서울지방고용노동청 근로개선지도3과, 2020.03.26.).

1년차 휴가(최대 11일) 미사용 시 법 개정 (2020.03.31.) 후 휴가 및 수당청구권 소멸 여부

사례

Q 현재 1년 계약직의 경우 근로계약 만료로 퇴사할 경우 최대 26일(전부 미사용 시) 치 수당을 지급해야 하는데, 법 개정 시행 후(2020.03.31.) 어떻게 되나요?

A

■ 연차휴가 및 수당청구권 변경 내역(법 개정 시행일자 : 2020.03.31.)

구분	개정 전	개정 후
1년차	유급휴가 11일	좌동
2년차	연차 15일 + 1년차 미사용 휴가 일수(최대 11일)	연차 15일 + 1년차 미사용 휴가 및 수당청구권 소멸
1년 계약직	1년차 미사용 휴가 일수 + 2년차(15일) 수당청구권(최대 26일)	1년차 미사용 휴가 및 수당청구권 소멸 + 2년차 수당청구권(15일)

연차휴가는 발생일로부터 1년간 미사용하면 소멸되나, 1년 미만 기간 동안 발생한 연차휴가는 입사일로부터 1년간 미사용 시 소멸하는 것으로 개정되었습니다.

즉, 1년 미만 기간 동안 발생한 연차휴가 최대 11일(1개월 개근 시마다 매월 1개 발생)은 1년차에 모두 사용하고, 2년차에는 15일 연차만 사용하도록 합니다(개정 전은 발생일로부터 1년 후 소멸하여 2년차에 26일 연차를 몰아서 사용이 가능하였음).

구분	내 용
개정 전	■ 연차휴가 발생일로부터 1년간 미사용 시 소멸 → 1년 미만 근로자의 경우 1개월 개근 시마다 매월 1일의 연차휴가 발생 → 2년차에 매월 1개씩(연차휴가 발생일로부터 1년 후) 소멸
개정 후	■ 1년 미만 근로자의 연차휴가는 입사일로부터 1년간 미사용 시 소멸 →입사 후 1년 동안 미사용 시 소멸(근기법 제60조 제7항 개정)

(고용노동부 근로기준법 개정안 보도자료 참고, 2020.03.06.)

계속 근로 1년 이상자가 1년 휴직하고 복직 시 1개월 개근 시 1일 유급휴가 부여 여부

사례

Q 입사 후 계속하여 1년 이상 근로한 후 1년 이상 휴직(근로기준법 제60조 제6항에 따라 출근한 것으로 보는 기간에 해당하지 않는 휴직을 말하며, 이하 같음)하고 복직한 근로자는 근로기준법 제60조 제2항에 따른 '1년간 80% 미만 출근한 근로자'에 해당하여 사용자는 해당 근로자에게 1개월 개근 시 1일의 유급휴가를 주어야 하나요?(당사자가 유급휴가에 관하여 취업규칙 또는 근로계약서 등으로 근로기준법 제60조와 달리 정한 사항이 없는 것을 전제함)

A 이 경우의 근로자는 근로기준법 제60조 제2항에 따른 '1년간 80% 미만 출근한 근로자'에 해당하지 않으므로 사용자가 해당 근로자에게 1개월 개근 시 1일의 유급휴가를 주어야 하는 것은 아닙니다.

근로기준법 제60조에서는 사용자는 1년간 80% 이상 출근한 근로자에게 15일의 유급휴가(제1항)를, 1년간 80% 미만 출근한 근로자에게는 1개월 개근 시 1일의 유급휴가(제2항)를 주도록 연차 유급휴가에 대해 규정하고 있는바, 연차 유급휴가는 그 전년도 1년간의 근로에 대한 대가에 해당하는 것(대법 2014다232296, 232302, 2017.05.17.; 2003다48549, 2005.05.27. 참조)이므로 근로기준법 제60조는 전년도에 출근한 사실이 있다는 것을 전제로 전년도 1년간의 총소정근로일수(1년간의 총역일에서 법령, 단체협약, 취업규칙 등에 의하여 근로의무가 없는 것으로 정해진 날을 뺀 일수를 말함) 중 근로자가 현실적으로 근로를 제공한 출근일수 비율을 산정하여 그 비율이 80% 이상인 경우와 80% 미만인 경우를 구분하여 유급휴가 대상 근로자를 규정한 것입니다.

그리고 근로기준법 제60조 제2항은 2012년 2월 1일 근로기준법이 법률 제11270호로 개정되면서 현행과 같이 개정된 것으로 연차 유급휴가가 계속 근로에 대한 보상임에도 불구하고 종전에는 1년간 80% 이상 출근한 근로자에 한해 연차 유급휴가를 부여하도록 하고 있어 1년간 80% 미만 출근한 근로자에 대한 연차휴가 규정이 미비한 점을 해소(2011.04.14. 의안번호 제1811504호로 발의된 근로기준법 일부 개정 법률안에 대한 국회 환경노동위원회 검토보고서 및 2012.02.01. 법률 제11270호로 일부 개정되어 2012.08.02. 시행된 근로기준법 개정 이유, 주요내용 참조)하기 위해 '1년간 80% 미만 근로한 근로자'에게도 연차 유급휴가를 부여하도록 하는 내용이 추가된 것입니다.

그런데 이 사안과 같이 계속하여 1년 이상 근로한 후 1년 이상 휴직하고 복직한 근로자는 연차 유급휴가의 산정 기준이 되는 전년도 1년간 출근한 사실이 없으므로 근로기준법 제60조 제2항에 따른 1년간 80% 미만 '출근한 근로자'에 해당하지 않아 해당 규정에 따른 유급휴가 지급대상이 아닙니다(법제처 19-0427, 2020.02.20.).

02

연차수당 정산

연차 유급휴가의 청구권과 수당청구권 및 미사용수당청구권

사례

Q 연차 유급휴가청구권, 연차 유급휴가수당청구권, 연차 유급휴가미사용수당청구권의 개념이 무엇인가요?

A 연차 유급휴가청구권·수당·미사용수당과 관련된 지침(임금근로시간정책팀-2820, 2006.09.21.)을 참고하여 설명하면 다음과 같습니다.

■ 연차 유급휴가청구권

연차 유급휴가는 전년도에 계속 근로한 근로자에 대해 정신적·육체적 휴양을 통한 노동의 재생산 유지와 문화생활의 기회를 부여하기 위해 마련된 것이며, 사용자는 근로자가 전년도에 8할 이상 출근한 경우에는 15일의 연차 유급휴가를 부여하여야 하고(근로기준법 제60조 제1항), 근로자는 전년도의 출근율에 따라 연차 유급휴가청구권이 발생합니다.

■ 연차 유급휴가수당청구권

연차 유급휴가수당청구권은 재직근로자가 전년도 근로 대가로 발생한 연차 유급휴가를 사용할 경우 그 기간에 대하여 사용자에게 수당 지급을 요청할 수 있는 권리이며, 이와 같이 지급되는 연차 유급휴가수당은 임금에 해당합니다(같은 법 제60조 제7항).

■ 연차 유급휴가미사용수당청구권

연차 유급휴가미사용수당청구권은 근로자가 전전년도의 근로의 대가로 발생한 연차 유급휴가를 전년도에 사용하지 아니하고 근로를 제공한 경우 그 미사용 연차 유급휴가 일수에 해당하는 연차 유급휴가미사용수당을 사용자에 대하여 청구할 수 있는 권리로서 연차 유급휴가청구권이 소멸된 다음 날에 발생합니다.

또한, 퇴직 등 근로관계가 종료되는 근로자가 이로 인해 사용하지 못하는 미사용 연차휴가 일수에 해당하는 수당을 사용자에 대하여 청구할 수 있는 권리입니다. 다만, 사용자가 근로기준법에 따른 연차 유급휴가 사용 촉진을 한 경우 연차 유급휴가 미사용수당청구권이 소멸됩니다(같은 법 제61조).

휴가사용계획서가 휴가신청서의 효력을 갖는지 여부

사례

Q 근로기준법 제61조의 연차휴가 사용 촉진에 따라 근로자가 제출한 '휴가 사용계획서'가 휴가신청서(휴가원)의 효력을 갖나요?

A 휴가 사용 촉진 조치에 의하여 근로자가 휴가 사용 시기를 정하여 사용자에게 휴가 사용계획서를 제출하였다면 그 지정된 시기에 연차 유급휴가를 사용하겠다는 의사표시로 볼 수 있을 것이므로 휴가를 청구한 것으로 볼 수 있다고 사료됩니다.

다만, 근로자가 휴가 사용 시기를 지정하고도 출근한 경우 사용자가 노무수령 거부의 의사표시 없이 근로를 제공받았다면 휴가일 근로를 승낙한 것으로 보아야 하므로 연차 유급휴가근로수당을 지급하여야 할 것으로 사료됩니다(임금근로시간정책팀-285, 2005.10.21.).

연차휴가 사용 촉진과 미사용 휴가에 대한 수당 지급 여부

사례

Q 연차휴가 사용 촉진기간 만료 전에 직원들에게 미사용 휴가사용계획서를 제출받았고, 휴가종료기간 2개월 전까지 개인별 미사용 휴가의 사용 시기를 정하여 직원에게 서면으로 통보하지 않았음에도 불구하고 미사용 휴가에 대한 수당지급의무가 면제되나요?

A 사용자가 근로자에게 휴가 사용 권장 조치의 일환으로 휴가사용계획서를 제출토록 촉구하여 각 소속직원에게 휴가사용계획서를 제출받았고 휴가사용계획서를 제출하지 아니한 일부 근로자에 대하여는 휴가 사용 시기 지정 조치를 취하지 아니한 경우 해당 근로자에 대하여 미사용 휴가에 대한 보상의무가 면제되는지 여부에 대하여,

근로자가 연차휴가 사용 촉진 조치에 따라 휴가사용계획서를 제출하지 아니한 경우, 이에 대하여 사용자가 휴가 사용 시기를 지정하여 문서로 통보하지 아니한 경우에는 같은 법에 의한 휴가 사용 촉진 조치가 이루어졌다고 볼 수 없으므로 미사용 휴가에 대한 보상의무가 면제되었다고 보기는 어렵다고 사료됩니다(임금근로시간정책팀-163, 2005.10.05.).

연차촉진사업장에서 육아휴직 후 퇴사 시 연차수당 지급 여부

사례

Q 연차촉진을 몇 년 전부터 시행해오고 있습니다. 현재 출산휴가(3개월) 및 육아휴직(1년)까지 연속 사용하고 육아휴직이 끝나는 시점인 12월에 퇴사 예정인 직원이 있습니다. 육아휴직 중이라 자필서명을 받지 못했는데 퇴사 시 연차수당을 지급해야 하나요?

A

- 사용자가 같은 법 규정에 의한 연차 유급휴가 사용 촉진 조치의 일환으로 근로자에게 미사용휴가의 사용 시기를 지정하여 통보하는 경우, 사용자가 지정한 휴가일에 근로자가 휴직이나 기타 사유로 노무제공의무가 면제되거나 정지되어 연차 유급휴가를 소진할 수 없는 경우라면 같은 법에 의한 연차 유급휴가 사용 촉진 조치가 이루어졌다고 보기는 어렵다고 사료됩니다.
  휴직 중이거나 촉진 조치 이후에 휴직 등을 신청한 자에 대하여 사례별로 구분하여 연차 유급휴가 사용 촉진 조치를 시행하더라도 연차 유급휴가의 목적 및 취지에 반하는 것으로 볼 수는 없을 것으로 보입니다(임금근로시간정책팀-194, 2005.10.10.).

- 근로기준법 제61조에 따라 사용자가 연차 유급휴가 사용 촉진 조치의 일환으로 근로자에게 미사용 휴가의 사용 시기를 지정하여 통보하는 경우, 사용자가

지정한 휴가일에 근로자가 휴직이나 기타 사유로 노무제공의무가 면제되거나 정지되어 연차 유급휴가를 소진할 수 없는 경우라면 같은 법에 따른 연차 유급휴가 사용 촉진 조치가 이루어졌다고 보기는 어렵다 할 것이며, 연차 유급휴가는 1년간 행사하지 아니한 경우 소멸되므로, 미사용연차에 대한 휴직 이후 복직한 상태에서 이월 사용 여부는 단체협약 등에 별도의 규정이 있는 경우에 한해 가능하다 할 것입니다(근로조건지도과-1058, 2008.04.24.).

육아휴직 후 퇴사자의 퇴직금 산정 시 미사용연차수당 반영방법

사례

Q 육아휴직 후 복귀하고 나서 바로 퇴사한 직원이 있습니다. 퇴직금 평균임금 계산 시 미사용연차수당은 어떻게 반영해야 하나요?

A 위 질의는 3개월 이상의 육아휴직 종료 직후 바로 퇴직한 경우 평균임금에 산입되는 연차 유급휴가미사용수당에 대한 내용으로 판단됩니다. 퇴직금 산정을 위한 평균임금 산정 기준임금에 포함되는 연차 유급휴가수당은 퇴직 전전년도 출근율에 의하여 퇴직전년도에 발생한 연차 유급휴가 중 미사용하고 근로한 일수에 대한 연차 유급휴가미사용수당액의 3/12에 해당하는 금액이며, 퇴직으로 인해 비로소 지급사유가 발생한 연차 유급휴가미사용수당은 포함되지 않습니다(연차 유급휴가청구권·수당·근로수당과 관련된 지침, 2007.11.5.).

다만, 근로기준법 시행령 제4조 및 평균임금 산정 특례 고시에 따라 평균임금의 계산에서 제외되는 기간이 3개월 이상인 경우, 제외되는 기간의 최초일을 평균임금 산정사유가 발생한 날로 보아 평균임금을 산정하여야 할 것입니다.

근로자가 1년의 육아휴직 후 복귀 없이 바로 퇴사하였다면, 육아휴직이 시작된 날을 평균임금의 산정사유가 발생한 날로 보아야 하므로, 육아휴직일 이전 연도에 지급된 연차 유급휴가미사용수당액의 3/12에 해당하는 금액을 평균임금에 산입해야 할 것입니다(고용노동부 노동정책실 근로기준정책관 근로기준정책과, 2020.03.09.).

사용자에게 통보하지 않은 휴가 일수에 대해 연차휴가미사용수당 지급 여부

사례

Q 15일의 연차휴가를 사용할 수 있는 근로자가 이미 3일의 연차휴가를 사용하였고, 사용자의 근로기준법 제61조 제1호에 의한 서면 촉구에 대하여 나머지 12일의 연차휴가 중에서 5일에 대해서만 휴가 사용 시기를 정하여 사용자에게 통보한 후 그에 따라 5일의 휴가를 사용하였습니다.

이와 같은 경우 휴가 사용 시기를 정해서 사용자에게 통보하지 않은 7일의 휴가에 대해 연차 유급휴가미사용수당을 지급해야 하나요?

A 근로자가 휴가 사용 촉구를 받은 때부터 사용하지 아니한 휴가의 일부의 사용 시기만을 사용자에게 통보하였을 경우, 근로기준법 제61조 제2호에 따라 근로자의 휴가청구권이 끝나기 2개월 전까지 사용자는 사용하지 아니한 나머지 휴가의 사용 시기를 정하여 근로자에게 서면으로 통보하여야 하므로, 사용자가 동 절차를 준수하지 아니하였다면 미사용 휴가에 대한 보상 의무가 면제되지 않는다 할 것입니다(근로조건지도과-44, 2009.01.05.).

즉, 미사용 휴가 일수 전부가 아닌 일부에 대해서만 촉진하는 것도 가능한데, 예를 들어 15일 중에 7개는 수당으로 지급하고 8개는 사용 촉진하는 등 일부 휴가에 대해서 휴가 사용 촉진을 할 수도 있습니다.

선택적 근로시간제 도입 시 표준근로시간 산정 여부

사례

Q

선택적 근로시간제하에서 근로자가 연차 유급휴가를 사용한 경우에 그 유급휴가의 계산기준과 관련하여 근로기준법 제52조 제6호 및 같은 법 시행령 제29조에서는 사용자와 근로자대표가 합의하여 표준근로시간을 정할 수 있도록 규정되어 있는바, 이를 노사가 특정시간(예를 들어 1일 소정근로시간 8시간)이 아닌 '사전에 근로자가 근로하기로 신청한 시간'으로 합의할 수 있나요?

예를 들어 노사가 상기와 같이 합의하고 아래와 같은 근무형태를 가지는 근로자 A와 B가 목요일에 휴가를 사용한 경우, 근로자 A의 목요일 연차휴가에 대해 12시간을 유급처리하고, 연차 유급휴가미사용수당을 산정할 때 연간 총 120시간(8시간 × 15일)에서 12시간을 공제하며, 근로자 B의 목요일 연차휴가에 대해 4시간을 유급처리하고 연차 유급휴가미사용수당을 산정함에 있어 연간 총120시간(8시간 × 15일)에 4시간만을 공제할 수 있나요?

구분	근무형태				
	월	화	수	목	금
근로자 A	8시간	8시간	8시간	12시간?	4시간
근로자 B	8시간	8시간	8시간	4시간?	12시간

A 근로기준법 제52조 및 같은 법 시행령 제29조에 따라 표준근로시간을 정하도록 규정한 취지는 선택적 근로시간제를 실시할 경우 각 근로일별 근로시간이나 각 주별 근로시간이 근로자별로 달라질 수 있으므로 표준이 되는 1일 근로시간을 정하여 유급휴일수당이나 연차 유급휴가수당 계산의 기준을 삼기 위한 것입니다.

질의와 같이 사전에 근로자가 근로하기로 신청한 시간을 표준근로시간으로 정할 수 있게 할 경우 휴가 사용일에 따라 표준근로시간이 달라질 수 있어 1일의 근로시간을 표준근로시간을 정하여 유급휴가 등의 계산기준으로 삼도록 한 법 취지에 부합하지 않는바, 대상 근로자 전체에 일률적으로 적용되는 특정의 근로시간을 표준근로시간으로 정하는 것이 타당하다고 사료됩니다(근로개선정책과-703, 2011.04.08.).

※ 선택적 근로시간제 도입 시 연차휴가수당 산정은 표준근로시간을 기준으로 합니다.

'표준근로시간'이란 유급휴가 등의 계산기준으로 사용자와 근로자대표가 합의하여 정한 1일의 근로시간을 말합니다.

입사일 기준 연차 계산방법

사례

Q 개정법 적용 이전(2017.5.30.) 입사자의 경우 연차 계산이 궁금합니다. 2017년 4월 1일 ~ 2017년 12월 31일까지 연차 9개를 부여받아 4개 사용하고 나서 5개에 대해 연차수당을 받았습니다. 2018년 1월 1일 이후 연차가 어떻게 발생하나요?

A 근로자 입사일 기준 1년간 80% 이상 출근 시 15일의 연차 유급휴가를 부여하고, 계속 근로 연수 매 2년마다 1일을 가산하여 최대 25일까지 부여토록 규정하고 있으며(근로기준법 제60조 제1항, 제4항), 같은 법 제2항에 따라 계속 근로기간이 1년 미만인 근로자 또는 1년간 80% 미만 출근한 근로자에게 1개월 개근 시 1일의 유급휴가를 부여해야 합니다.

따라서 2017년 4월 1일부터 2018년 2월 28일까지 1년 미만인 경우 매월 개근 시 1일의 연차가 발생(총 11일)하며, 2017년 4월 1일부터 2018년 3월 31일까지 근무 시 1년 이상으로 2018년 4월 1일자로 연차 유급휴가 15일 발생됩니다.

다만, 같은 법 제60조 제3항에 따라 2018년 4월 1일자로 15일 부여되나, 사용한 연차(4일)와 미사용·연차수당(5일)은 공제하므로, 6일의 연차사용이 가능합니다(고용노동부 고객상담센터 인터넷상담과, 2019.6.12.).

월차 선부여하고 퇴직 시 정산방법의 적법성 여부

사례 Q

당사는 회계연도로 연차를 관리하고 있는데 1년 미만자의 매월 만근에 따른 연차 11개(1년 최대 근무)를 매년 1월 1일에 11개를 전부 선부여하고 있습니다.

입사자에게 2020년 1월 1일자로 11개를 선부여하는데 2020년 2월 4일자로 퇴사하였습니다. 퇴사 전까지 5개를 사용해서 2개를 초과 사용하였기에 2개에 해당하는 금액을 회사로 입금해야 한다고 하였습니다. 퇴사자는 11개 선부여해서 그 안에서 사용한 것이라고 항변하였고, 회사는 효율적으로 관리하기 위해 관리상 부여한 것이지 실제로 미근무한 1년 치 11개를 전부 부여한 것은 아니라고 하였습니다.

당사는 11개를 관행적으로 근로자에게 유리하게 더 준 적도 없고, 회계연도상 11개를 미리 당겨서 부여한 것일 뿐 실제 근무하지 않을 월까지 퇴사 시에 정산해서 지급하지 않았습니다.

1년 미만 입사자에 한해 1월 1일자로 11개를 선부여하고 1년 미만 중도 퇴사 시에 11개에서 사용한 일수를 제외한 나머지 모두를 정산해주어야 하나요? 당사에는 이러한 관행은 없습니다.

예를 들어 2019년 11월 1일 입사자의 경우 2020년 2월 4일로 퇴사하고 그동안 5개를 사용하였습니다. 11개에서 5개를 제외한 6개를 수당으로 지급해야 하나요? 아니면 월만근 총 3개에서 사용한 개수 5개 마이너스한 2개를 환수해야 하나요?

A 근로기준법 제60조에서 규정하고 있는 연차 유급휴가는 기왕의 근로에 대하여 발생하는 것으로, 연차를 미리 당겨쓰는 방법은 노사관계법에서 규정하고 있지 않으나 당사자 간 합의에 따라 허용될 수 있을 것이며, 퇴직 시 초과된 연차 유급휴가 사용분을 임금에서 공제하기 위해서는 해당 근로자의 동의가 있어야 할 것입니다 (고용노동부 고객상담센터 인터넷상담과-2AA-2002-0386959, 2020.02.24.).

따라서 연차 당겨쓰기와 초과 사용분 임금공제는 당사자 간 합의에 따라 처리하여야 할 것으로, 연차 선부여 시 초과 연차사용분의 임금 상계에 대한 동의를 서면으로 작성할 필요가 있습니다.

03

연차휴가 대체

법정공휴일 및 약정휴가의 연차 유급휴가 대체 여부

사례

Q 당사 취업규칙에는 유급휴일은 법정공휴일, 근로자의 날로 규정되어 있으며, 3일의 하계휴가를 주고 있습니다. 당사는 16년 동안 계속적으로 법정공휴일과 하계휴가를 유급휴가로 적용·시행했습니다. 이렇게 많이 대체해도 문제가 없나요?

A

- 근로기준법 제62조에 의거, 사용자는 근로자대표와의 서면합의에 따라 제60조에 따른 연차 유급휴가일을 갈음하여 특정한 근로일에 근로자를 휴무시킬 수 있습니다.
  특정한 근로일을 연차 유급휴가로 대체하기 위해서는 근로자대표와의 서면합의는 필수이므로 단지 근로기준법 제62조 규정만을 근거로 사용자가 근로자대표와의 서면합의 없이 법정공휴일을 연차 유급휴가로 대체할 수는 없다고 사료됩니다(근로개선정책과-996, 2012.01.31.).

- 약정휴가에 대해서는 근로기준법에서 정하고 있지 않으므로 노사 당사자가 단체협약, 취업규칙 등으로 별도로 정하여 시행할 수 있을 것입니다. 회사 규정상에 연차 유급휴가 이외 약정휴가(관혼상제, 하계휴가, 기타 휴가 등)를 별도로 유급으로 설정한 경우, 근로자가 약정휴가를 사용하였다고 하여 그만큼을 연차 유급휴가 일수에서 차감할 수는 없습니다.

또한, 기존의 약정휴가를 폐지하고 이를 연차 유급휴가로 사용케 하기 위해서는 귀사 규정을 변경하여야 할 것이며, 이는 근로조건 불이익변경에 해당되어 근로기준법 제94조에 따른 취업규칙 변경절차를 거쳐야 할 것입니다(근로개선정책과-6707, 2012.12.06.).

■ 근로기준법상 유급휴가 대체일수에 대한 한도는 규정되어 있지 않으므로 원칙적으로 노사 간의 합의를 따라야 할 것입니다(근로개선정책과-3099, 2011.09.19.).

다만, 근로계약의 내용으로 국경일과 1월 1일, 설, 하계휴가, 추석, 그 외 서면 합의한 날 등 너무 많은 일수를 유급휴가일로 대체토록 하는 것은 연·월차유급휴가제의 입법 취지에 반할 뿐만 아니라 근로자의 의사와 상관없이 근로계약 체결이 강요되어 정작 근로자가 필요한 날에 유급휴가를 사용할 수 없게 되는 결과를 초래할 우려가 상당하므로 바람직하지 않다고 사료됩니다(임금근로시간정책팀-2425, 2006.08.25. 참조).

근로자대표와의 서면합의가 없어도 연차 유급휴가 대체 유효 여부

사례

Q 유급휴가의 대체규정을 취업규칙에만 규정하고 작성 및 변경 절차를 거쳐 근로기준법 제62조에 규정된 근로자대표와의 별도 서면합의가 없어도 취업규칙상 유급휴가의 대체효력이 유효한가요?

A

- 연차 유급휴가의 대체는 근로기준법 제62조에 규정된 바와 같이 근로자대표와의 서면합의에 따라 사업장 전체에 걸쳐 실시하는 집단적 성질의 휴가실시 제도입니다. 근로기준법 제62조에 따라 연차 유급휴가일을 갈음하여 특정한 근로일에 근로자를 휴무시키려면 사용자는 근로자대표와의 서면합의를 법적 요건으로 하고 있으며, 여기서 사용자와 서면합의할 수 있는 근로자대표는 '그 사업 또는 사업장에 근로자 과반수로 조직된 노동조합이 있는 경우에만 그 노동조합, 근로자의 과반수로 조직된 노동조합이 없는 경우에는 근로자의 과반수를 대표하는 자'를 말합니다.

  따라서 질의의 동 규정만을 볼 때 유급휴가의 대체를 도입하면서 근로자대표와의 서면합의가 아닌 근로자의 개별적 서면 동의를 받는 경우에는 법적요건을 충족하지 못한 것으로 보아야 할 것입니다(근로개선정책과-997, 2012.1.31.; 근로기준정책과-2694, 2015.6.23.; 임금근로시간정책과-336, 2019.05.29.).

■ 사용자가 근로자에게 연·월차휴가일에 갈음하여 추석, 설 등 특정일에 휴무시킬 수 있기 위해서는 먼저 그 휴무를 시키는 날들이 단체협약이나 취업규칙 등에 휴일이나 휴가로 정하여진 날이 아닌 근로일이어야 하며, 유급휴가의 대체에 대하여 근로자대표와의 서면합의가 있어야 할 것입니다.

만일, 근로자대표와의 서면합의가 없거나 근로일이 아닌 날에 휴무하게 하는 경우에는 연·월차유급휴가를 대체 사용한 것으로 볼 수 없을 것이며, 그로 인하여 미사용 휴가 일수가 생기는 경우 미사용 휴가 일수에 대한 수당을 지급하여야 할 것입니다(근기 68207-1642, 2003. 12. 23.).

☞ 근로기준법 개정(2018.3.20.)으로 설, 추석 등 관공서 공휴일(대체휴일 포함)이 근로기준법상 법정휴일이 되면서 연차휴가대체가 사업장 규모에 따라 불가합니다.

※ 사업장 규모에 따른 시행일 적용

- 상시 300인 이상 사업장 : 2020.1.1.
- 상시 30인 이상 ~ 300인 미만 : 2021.1.1.
- 상시 5인 이상 ~ 30인 미만 : 2022.1.1.

배우자 출산휴가의 연차휴가 대체 가능 여부

사례

Q 배우자 출산휴가를 연차휴가로 대체가 가능한가요?

A 구舊 남녀고용평등과 일·가정 양립 지원에 관한 법률 제18조의2는 사업주는 근로자가 배우자의 출산을 이유로 휴가를 청구하는 경우에 5일의 범위에서 3일 이상의 휴가를 주어야 하고 최초 3일은 유급으로 하도록 규정하고 있습니다.

이는 근로기준법 제60조가 규정하고 있는 연차 유급휴가와는 다른 제도이므로, 근로자가 배우자 출산을 이유로 휴가를 청구하였으나, 사업주가 이에 대하여 연차 유급휴가를 사용토록 하였다면 남녀고용평등과 일·가정 양립 지원에 관한 법률 제18조의2를 위반한 것이 되니(위반 시 500만원 이하의 과태료) 이점 유의하기 바랍니다(여성고용정책과-982, 2013.06.05.).

무급휴무일 연차휴가 대체 가능 여부

사례

Q 무급휴무일을 유급으로 처리할 경우 연차휴가로 대체할 수 있나요?

A 근로기준법 제62조(유급휴가의 대체)에 '사용자는 근로자대표와의 서면합의에 따라 제60조에서 따른 연차 유급휴가일을 갈음하여 특정한 근로일에 근로자를 휴무시킬 수 있다.'고 규정하고 있는바, 이때의 '특정한 근로일'이란 당해 사업(장)의 소정근로일 중 특정일을 의미한다고 보아야 할 것입니다.

따라서 개정 근로기준법을 적용받는 사업장에서 매주 월요일 내지 금요일의 소정근로시간을 1일 8시간씩 주 40시간으로 정한 경우, 이를 초과하는 토요일 4시간 근로는 연장근로로서 그날의 근로를 소정근로일의 근로로 보기는 어려울 것이므로 이를 연차 유급휴가와 대체키로 한 노사합의는 효력이 없다고 할 것입니다(고용노동부 고객상담센터 인터넷상담과, 2019.06.10.).

04

연차수당과 임금

퇴직연금제도(DC)를 도입한 경우 퇴직으로 인해 발생된 연차수당 퇴직연금 반영 여부

사례

Q 당사는 퇴직연금제도(DC, 확정기여형)를 운영하고 있습니다. 이 경우 DB와 달리 퇴직으로 인해 발생된 연차수당은 DC 퇴직연금 산정 시 포함해야 하나요?

A 근로자퇴직급여보장법 제13조에 따라 확정기여형(DC) 퇴직연금제도를 설정한 사용자는 연간 1회 이상 가입자의 연간 임금총액의 12분의 1을 부담금으로 납부하여야 하며, 가입자가 탈퇴한 때에 당해 가입자에 대한 부담금을 미납한 경우에는 탈퇴일부터 14일 이내에 부담금을 납부하여야 합니다.

또한, 같은 법 제13조의 연간 임금총액이라 함은 당해 사업연도 중에 근로자에게 지급된 임금의 총액이라는 점에서 근로자의 퇴직으로 인해 비로소 지급사유가 발생한 연차 유급휴가미사용수당도 근로의 대가로 발생한 임금에 해당함으로 DC형 퇴직연금 부담금 산정 시 산입(부담)하여야 할 것으로 사료됩니다(퇴직연금복지과 - 87, 2008. 4. 1.).

☞ 퇴직전년도 출근율에 의해 발생된 연차휴가를 미사용하고 퇴직 후 지급된 연차수당(퇴직으로 인해 비로소 발생)은 확정급여형(DB)이나 퇴직금의 경우 평균임금 산정에 포함되지 않으나(본문 '연차 유급휴가수당의 평균임금 산정 방식'편 참고) DC의 경우에는 포함됩니다.

연차휴가수당은 통상임금을 기초로 산정하는지와 지급시기

사례

Q 연차휴가수당 산정방법에 대해 취업규칙 등에 정함이 없을 경우 통상임금 또는 평균임금 둘 중에 어느 것으로 산정해야 하나요?

A

- 근로기준법 제60조 제5항에 '사용자는 제1항부터 제4항까지의 규정에 따른 휴가를 근로자가 청구한 시기에 주어야 하고, 그 기간에 대하여는 취업규칙 등에서 정하는 통상임금 또는 평균임금을 지급하여야 한다.'라고 규정하고 있습니다.

  이와 같이 연차휴가기간에 근로자가 근로를 제공하지 않더라도 근로를 제공한 것으로 보아 지급되어야 하는 연차휴가수당은 취업규칙 등에서 산정 기준을 정하지 않았다면, 그 성질상 통상임금을 기초로 하여 산정하여야 합니다. 그리고 근로자가 연차휴가에 관한 권리를 취득한 후 1년 이내에 연차휴가를 사용하지 아니하거나 1년이 지나기 전에 퇴직하는 등의 사유로 인하여 더 이상 연차휴가를 사용하지 못하게 될 경우에 연차휴가 일수에 상응하는 임금인 연차휴가수당을 청구할 수 있는데, 이러한 연차휴가수당 역시 취업규칙 등에 다른 정함이 없다면 마찬가지로 통상임금을 기초로 하여 산정할 수당으로 보는 것이 타당합니다(대법 2018다239110, 2019.10.18.).

■ 연차 유급휴가미사용수당은 연차 유급휴가권이 소멸된 날의 다음 날에 발생하며(대법 94다47155, 1995.06.30.), 그 지급액은 취업규칙 등에서 정한 바에 따라 통상임금 또는 평균임금으로 지급하고, 별도의 규정이 없으면 통상임금으로 지급하되 휴가청구권이 있는 마지막 달의 통상임금으로 지급해야 합니다(근로개선정책과-4218, 2013.07.19.).

연차휴가수당의 지급시기

사례

Q 연차휴가산출기간은 매년 1월 1일부터 12월 31일까지로 한다고 규정한 취업규칙을 연차휴가의 산출기간은 입사일부터 기산하고 미사용휴가에 대한 수당의 지급은 입사일이 속한 매분기로 한다고 변경해도 문제없나요?

A

■ 사용자는 근로자가 연차 유급휴가청구권이 발생한 때로부터 1년간 연차 유급휴가를 모두 소진하지 아니 하였을 때는 연차 유급휴가청구권이 소멸된 날의 다음 날에 연차 유급휴가미사용수당을 지급하여야 합니다.
취업규칙 등에 따라 연차 유급휴가미사용수당청구권이 발생한 달의 임금정기지급일에 지급할 수 있습니다(임금근로시간정책팀-3295, 2007.11.5.).
미사용연차 유급휴가수당은 언제까지 지급하여야 하는지에 대해서는 위 행정해석과 같이 연차휴가청구권이 소멸된 날의 다음 달 임금정기지급일에 지급합니다(고용노동부 고객상담센터 인터넷상담과, 2019.06.14.).

■ 연차휴가근로수당을 청구할 수 있는 권리는 원칙적으로 연차휴가를 청구할 수 있는 권리가 소멸한 날의 다음 날에 발생한다고 보아야 할 것입니다.
다만, 근로기준법 제42조를 적용함에 있어 그 지급시기는 단체협약 등에 정함이 있는 경우에는 그에 따라야 하나 정함이 없는 경우에는 연차휴가를 실시할 수 있는 1년의 기간이 만료된 후 최초의 임금정기지급일을 지급시기로 보아야 한다고 사료됩니다(근기 68207-988, 2003.08.07.).

이러한 연차 유급휴가근로수당의 지급청구권은 연차 유급휴가를 1년간 행사하지 아니함으로써 연차 유급휴가청구권이 소멸된 날(또는 퇴직일)의 다음 날에 발생되는 것으로 보아야 할 것입니다(임금 68207-772, 2001.11.08.).

예를 들어 2017년 7월 1일 ~ 2018년 6월 30일 근무기간에 대해 2018년 7월 1일 ~ 2019년 6월 30일까지 15일을 사용할 수 있고, 이 기간 중에 미사용한 휴가는 2019년 7월 1일에 연차휴가수당청구권이 발생하여 연차수당을 지급해야 합니다.

일급제 근로자의 일급금액에 연차수당 포함 시 적법성 여부

사례

Q 일용직 근로자를 채용하고 일급근로자 1일 임금에 주차, 연차 및 제수당이 포함된 금액으로 정하여 지급하는 근로계약을 체결하였습니다. 일급제 근로자의 일급에 연차수당을 포함하여 근로계약을 체결하는 것이 적법한가요?

A ■ 일당은 근본적으로 하루의 근로에 대한 대가로 발생할 수 있는 내역을 포함하여 지급할 수 있는 것으로서 월차 및 연차휴가수당을 포함하여 지급할 수 없고 이러한 것이 근로기준법에 위배되므로(근기 68207-1696, 2000.6.2.) 일당 속에 연월차유급휴가수당을 포함하여 지급하는 근로계약을 체결하였다 하더라도 근로자에게 연월차휴가수당을 지급하였다고 볼 수 없으므로 실제 휴가를 사용하지 않고 근로를 제공한 것에 대한 연월차휴가근로수당을 추가로 지급하여야 할 것입니다(근로기준과-3118, 2004.06.23.).

■ 건설일용근로자 포괄임금 업무처리 지침(근로개선정책과, 2011.08.08.)

1. 매일매일 근로관계가 단절되어 계속 고용이 보장되지 않는 순수 일용근로자
   - 1일 단위로 발생되는 수당은 포괄임금에 포함 가능하나(연장·야간근로수당) 1일 단위를 넘는 기간 근로해야 발생하는 수당은 포함할 수 없음(주휴수당·휴일근로수당·연차수당·연차휴가미사용수당)
   - 매일매일 근로관계가 이루어져 결과적으로 포괄임금에 포함할 수 없는 수당의 지급요건이

충족하게 된 경우에도 포함 불가 수당을 포괄임금에 포함할 수 없음

2. 일정기간 이상 사용이 예정되어 있는 일당제 일용근로자

- 예정되어 있는 근로기간 동안 근로할 경우 지급요건을 충족하는 수당은 포함 가능하나 그렇지 않은 수당은 포함 불가
- 다만, 연차 유급휴가수당 및 연차 유급휴가미사용수당은 이를 포괄임금에 포함할 경우 휴가권 박탈의 문제가 있으므로 포함할 수 없음

※ 관련 행정해석 : 근로기준과-506(2010.1.28.), 근로기준과-3118(2004.6.23.), 근기 68207-1844(2000.6.16.)

포괄임금제와 연차수당 선지급 시 연차 유급휴가 적법성 여부

사례 Q

1. 포괄임금제로 연차수당을 급여에 미리 지급하였기 때문에 연차는 없다면서 연차휴가원을 반려할 경우 연차휴가를 주지 않는 경우 적법한가요?

2. 연차 유급휴가미사용수당 선지급 시 휴가청구권이 소멸한 시기에 인상된 통상임금으로 산정하면 그 차액이 발생하는데 미지급 시 임금체불로 볼 수 있나요?

A 연차 유급휴가미사용수당청구권은 근로자가 전전년도 근로의 대가로 발생한 연차 유급휴가를 전년도에 미사용한 경우 그 미사용수당을 사용자에 대하여 청구할 수 있는 권리로서 연차 유급휴가청구권이 소멸된 시점 이후에 지급하는 것이 원칙이라 할 것입니다(근로개선정책과-2379, 2012.04.25.).

즉, 근로자가 일단 연차 유급휴가권을 취득한 후에 연차 유급휴가를 사용하기 전에 퇴직 등의 사유로 근로관계가 종료되는 경우, 근로자는 이로 인해 사용하지 못하는 미사용 연차휴가 일수에 해당하는 수당을 사용자에 대하여 청구할 수 있는 것입니다(대법 2003다48549, 48556, 2005.05.27. 참조).

1. 근로계약을 체결함에 있어서 근로의 형태나 업무의 성질상 법정근로시간을 초과한 연장·야간·휴일근로 등을 포함하여 약정하고, 임금 계산의 편의를 위하여 노사 당사자 간에 약정한 근로시간 등에 대해 임금 및 수당으로 환산하여 미리 고정적으

로 지급하는 일면 '포괄임금제'는 근로자에게 불리함이 없고 제반사정에 비추어 정당한 경우에는 가능하다고 할 것인바,

이때, 연차 유급휴가는 월급여액에 수당으로 포함하여 미리 지급한 경우라도 해당 근로자가 연차휴가를 청구하면 사용할 수 있도록 허용하여야 하며, 만약 휴가 사용을 허용하지 아니하면 법상 근로자에게 인정되는 연차휴가의 사용 권리를 제한하는 것이 되어 위법하다고 할 것입니다(임금근로시간정책팀-3012, 2007.09.28.).

연·월차유급휴가에 대해 미사용 연·월차유급휴가보상금을 월급여액 속에 포함하여 미리 지급하는 근로계약을 체결하는 것은, 그 수당을 지급한 이후에도 해당 근로자가 연·월차휴가를 사용할 수 있도록 허용하는 경우에만 인정될 수 있을 것이며, 휴가 사용을 허용하지 아니하는 경우에는 근로기준법상 근로자에게 인정된 연·월차휴가를 청구·사용할 권리를 제한하는 것이 되어 인정될 수 없다고 사료됩니다(근로기준과-7485, 2004.10.19.; 근로개선정책과-2022, 2011.07.04.).

2. 사용자가 근로자에게 연차 유급휴가미사용수당을 미리 지급하였더라도, 이후 임금 인상 등의 이유로 통상임금이 상승하여 연차 유급휴가청구권이 소멸된 날의 다음 날 기준으로 산정한 연차 유급휴가미사용수당과 차액이 발생할 경우에는 그 차액만큼은 지급하여야 할 것입니다(근로개선정책과-3077, 2012.06.13.).

아울러, 연차 유급휴가미사용수당이 미리 지급되었다고 하더라도 근로자의 휴가 청구권 자체가 없어지는 것은 아니므로 사용자는 근로자가 휴가를 청구하는 경우에는 이를 거부할 수 없습니다(임금근로시간정책팀-3444, 2007.11.22. 참조).

퇴직한 당해연도의 연차수당이 퇴직금 산정 시 포함되는 임금인지 여부

사례

Q 2019년 12월 31일 퇴직한 근로자의 2019년 발생한 연차 유급휴가미사용수당이 퇴직금 산정 시에 포함되는 임금인가요?

A

- 퇴직하기 전 이미 발생한 연차 유급휴가미사용수당은 퇴직금 산정을 위한 평균임금 산정 시에 포함되어야 하나, 퇴직함으로써 비로소 지급사유가 발생하는 연차 유급휴가미사용수당은 퇴직금 산정을 위한 평균임금 산정 시 포함되지 않습니다.

  2010년도 출근율에 의하여 2011년 발생한 연차 유급휴가를 사용하지 않고 퇴직함으로써 비로소 지급사유가 발생한 연차 유급휴가미사용수당은 퇴직금 산정을 위한 평균임금 산정 기준임금에 포함되지 않습니다(근로복지과-1715, 2012.05.21.).

- 퇴직금 산정을 위한 평균임금에는 퇴직 전전년도 출근율에 의하여 퇴직 전년도에 발생한 연차 유급휴가 중 미사용하고 근로한 일수에 대한 연차 유급휴가미사용수당액의 3/12만 포함되어야 할 것입니다(근로조건지도과-1047, 2009.02.20.).

연차 유급휴가수당의 평균임금 산정방법

사례

Q 퇴직근로자에 대한 연차 유급휴가수당의 평균임금 산정방법은 어떻게 되나요?

A

■ 퇴직 시의 산정방법(임금 68207-173, 1999.11.01.)

1. 방법

평균임금 산정사유가 발생한 날(퇴직일) 이전 1년간에 걸쳐 이미 발생되어 있는 1년분의 연차 유급휴가 중 미사용 연차일수로 확정, 퇴직 시 연차 유급휴가미사용 수당으로 대체 지급될 수당액의 3을 평균임금 산정 기준임금에 산입합니다.

2. 이유

평균임금은 3월간에 그 근로자에 대하여 지급된 임금의 총액을 그 기간의 총일수로 나누어 계산하는 것이나 연차휴가근로수당은 매월 지급되는 임금이 아니라는 점을 감안, 1년분의 연차휴가근로수당을 근로 월별로 균등하게 산입하는 것입니다.

3. 예시

1994년 1월 1일 입사하여 재직 중인 근로자가 1999월 10월 1일 퇴직한 경우

1999년 1월 1일부터 1999년 12월 31일까지 기간 중에 사용하는 연차휴가를 미사용함으로써 수당청구권이 발생되어 지급받아야 할 수당금액(1998.1.1.~12.31.까지 근무실적으로 발생된 연차휴가를 1999.1.1.~12.31.까지 기간에 사용하여야 하나 퇴직시점까지

모두 사용하지 못하여 이를 수당으로 대체 지급받아야 할 수당금액)

■ 퇴직금 산정을 위한 평균임금 산정 기준임금에 포함되는 연차 유급휴가수당은 퇴직 전전년도 출근율에 의하여 퇴직전년도에 발생한 연차 유급휴가 중 미사용하고 근로한 일수에 대한 연차 유급휴가미사용수당으로 퇴직하기 전 이미 발생한 연차 유급휴가미사용수당액의 3/12에 해당하는 금액입니다(임금근로시간정책팀-3295, 2007.11.05.).

1. 퇴직금에 포함되는 연차 유급휴가미사용수당은 아래와 같습니다.

가. 퇴직하기 전 이미 발생한 연차 유급휴가미사용수당

퇴직 전전년도 출근율에 의하여 퇴직전년도에 발생한 연차 유급휴가 중 미사용하고 근로한 일수에 대한 연차 유급휴가미사용수당액의 3/12을 퇴직금 산정을 위한 평균임금 산정 기준임금에 포함시킵니다.

나. 퇴직으로 인해 비로소 지급사유가 발생한 연차 유급휴가미사용수당

퇴직전년도 출근율에 의하여 퇴직년도에 발생한 연차 유급휴가를 미사용하고 퇴직함으로써 비로소 지급사유가 발생한 연차 유급휴가미사용수당은, 평균임금의 정의상 산정사유 발생일 이전에 그 근로자에 대하여 지급된 임금이 아니므로 퇴직금 산정을 위한 평균임금 산정 기준임금에 포함되지 않습니다.

2. 2014.12.31.자 입사하고 2017.11.30.자 퇴사한 근로자의 경우에는 2014.12.31. ~ 2015.12.30. ; 15개 발생, 2015.12.31. ~ 2016.12.30. ; 15개 발생, 2016.12.31. ~ 2017.11.30. ; 1년 미만으로 연차 미발생하며, 2014.12.31. ~ 2015.12.30.까지 발생한 연차는 2015.12.31. ~ 2016.12.30.까지 사용 가능하며 이에 사용하지 않은 연차는 2016.12.31. 지급하였을 것이며, 이때 지급한 미사용수당을 퇴직금 산정을 위한 평균임금 산정 기준임금에 포함시켜야 할 것으로 사료됩니다(고용노동부 고객상담센터 인터넷상담과, 2019.06.12.).

개정법 적용 시 1년 미만 퇴사자의 연차수당 평균임금 산입방법

사례

Q 2019년 1월 1일 입사자가 2020년 7월 1일 퇴사 시 1년차 월만근하여 발생된 미사용 연차수당을 평균임금 산정 시 어떻게 산입하나요?

예를 들어 2019년 3월, 4월, 5월 개근으로 발생한 월별 연차는 2020년 4월, 5월, 6월 각각 연차미사용수당으로 지급, 3일의 연차미사용수당을 퇴직금 평균임금 산정을 위한 임금총액에 산입하면 되나요?

A 개정법(2018.05.29.)에 따라 1년 미만 근로자에게 부여하는 연차 유급휴가의 경우 기존 연차 유급휴가와 달리 월 단위로 발생하여 1년간 행사하지 않아 소멸되면 연차 유급휴가미사용수당이 매월 지급되는 점을 고려하여, 평균임금 정의와 같이 '퇴직 전 3개월 내 지급된 연차 유급휴가미사용수당'을 퇴직금 산정을 위한 평균임금 산정 기준임금에 포함하여야 할 것입니다.

☞ 1월 1일 입사자의 경우 최초 1개월 개근으로 2월에 발생한 연차 유급휴가는 다음 해 1월 연차 유급휴가청구권 소멸과 동시에 미사용수당 지급

한편, 노사가 1년차 때 매월 1일씩 발생한 연차 유급휴가를 2년차 종료시점까지 사용할 수 있도록 합의(취업규칙, 단체협약 등)한 경우라 하더라도 평균임금 산정에 있

어 근로자별 퇴직시점에 따라 유불리한 상황이 발생할 수 있으므로 상기 기준을 준용하여 포함하면 됩니다(근로기준정책과-4958, 2018.07.28.).

따라서 평균임금 산정 시 귀 질의와 같이 미사용연차수당을 산입하면 되며, 2020년 3월 31일자 근로기준법 개정 시행 이후 발생하는 연차에 대해서는 연차촉진이 가능해져 해당사항이 없습니다.

주중에 연차휴가를 사용한 경우 연장근로시간 산정방법

사례

Q 근로자가 주중에 1일 연차 유급휴가를 사용하였는데 이 경우 연장근로시간 산정 방법은?

A 1주간의 근로시간은 휴게시간을 제외하고 40시간을 초과할 수 없으며, 1일의 근로시간은 휴게시간을 제외하고 8시간을 초과할 수 없습니다(근로기준법 제50조 제1항). 다만 당사자 간에 합의하면 1주간에 12시간을 한도로 근로시간을 연장할 수 있습니다(근로기준법 제53조 제1항).

우리부 행정해석은 연장근로는 실제 근무한 시간을 기준으로 하므로 주중에 지각·결근이나 휴일이 있으면 그 시간을 빼고 연장근로시간을 계산한다는 입장입니다(근기 68207-2776, 2002.8.21. 참조).

따라서 근로시간은 실제 근무한 실근로시간을 기준으로 산정하여야 할 것이므로, 주중 연차 유급휴가일을 제외하고, 1일 8시간을 초과하거나 1주 40시간을 초과한 근로시간은 연장근로로 보아야 할 것입니다(고용노동부 고객상담센터 인터넷상담과, 2019.06.17.).

연차수당의 귀속시기

사례

Q 2019년 기간 중에 사용하지 못한 미사용 연차에 대해 2019년 12월 31일 시급기준으로 계산하여 익년도 1월 급여에 연차수당을 지급하면 법인세법상 귀속시기는?

A

- 소득세법 제39조에 의하여 거주자의 각 연도의 총수입금액과 필요경비의 귀속연도는 총수입금액과 필요경비가 확정된 날이 속하는 연도로 하는 것으로, 근로기준법의 규정에 의한 연차 유급휴가일에 근로를 제공하고 지급받는 연차수당의 귀속연도는 소정의 근로일수를 개근한 연도의 다음 연도가 되는 것입니다. 또한, 퇴직할 때까지 지급받지 못한 수당에 대한 근로소득의 귀속연도는 조건이 성취되어 개인별 지급액이 확정되는 연도로 하는 것입니다(서면인터넷방문상담1팀-357, 2008.03.19.).

- 근로자가 근로기준법에 의한 연차휴가일에 근로를 제공함에 따라 통상임금에 가산하여 지급하는 연차수당을 매년 12월 31일을 기준일로 하여 계산하고 지급은 익년 1월에 하는 경우에 동 연차수당에 대한 법인세법상 손금의 귀속사업연도는 그 기준일이 속하는 사업연도로 하는 것입니다(법인, 제도46013-575, 2000.12.01.).

■ 근로자가 근로기준법에 의한 연차휴가일에 근로를 제공함에 따라 통상임금에 가산하여 지급하는 연차수당을 매년 12월 31일을 기준일로 하여 계산하고 지급은 익년 1월에 하는 경우에 동 연차수당에 대한 법인세법상 손금의 귀속사업연도는 그 기준일이 속하는 사업연도로 하는 것입니다(법인46012-3223, 1996.11.20.).

즉, 연차수당 지급액이 2019년 말 확정되므로 비록 2020년 1월에 지급하더라도 연차수당의 손금 귀속시기는 2019년이 되는 것입니다.

연차수당 포기각서의 유효 여부

사례

Q 2014년 6월 1일 입사자로 2020년 2월 5일자로 퇴사를 하면서 연차는 올해 몇 개 사용하고 14개 정도 남아 있었습니다. 회사 경영상 연차수당을 지급하기가 어렵다며 연차수당 포기각서를 써야 한다고 했습니다. 그 당시에 동의는 했지만 회사측 요구로 제 권리를 누리지 못한 것 같아 후회가 됩니다. 연차수당을 요구하면 수령이 가능한가요? 그리고 법적 보호를 받을 수 있나요?

A 임금채권의 포기에 관한 대법원 판례는 '발생한 임금채권을 근로자가 스스로 포기한 경우에는 사용자가 지급하지 않더라도 전액지급의 원칙에 어긋나지 않으나, 임금의 포기는 근로자의 명시적이고 구체적인 동의·수권이 있어야 하며(대법 99다67536, 2000.09.29), 아직 구체적으로 지급청구권이 발생하기 이전에 임금채권을 포기하는 약정은 무효가 됨(대법 97다49732, 1998.03.27.)'이라고 하고 있습니다.

또한, 우리부 행정해석은 근로자의 의사에 반하여 처벌할 수 없는 반의사불벌죄라고 하더라도 임금채권이 발생하기 전에 사전에 부제소합의(법 위반이 발생하더라도 처벌을 원치 않는다는 합의)를 하는 경우 그 효력을 인정할 수 없다는 입장입니다(근로기준팀-5283, 2006.9.28.).

귀 질의내용만으로는 구체적인 사실관계를 알 수 없어 명확한 답변을 드리기는 어려우나, 위 대법원 판례 및 우리부 행정해석에 비추어볼 때 임금이 발생하기 전에 향후 발생할 임금을 사전 포기하는 것은 허용되지 않을 것이나, 다만, 근로기준법상 전액불 원칙에 의해 임금 전액에 대한 처분권은 근로자 개인에게 있으므로 그 반납 결정은 개별 근로자의 명시적이고 구체적인 동의가 있는 경우 가능할 것으로 사료됩니다(고용노동부 고객상담센터 인터넷상담과-2AA-2002-0355143, 2020.02.21.).

05

연차휴가 사용 촉진

개정법에 따른 입사자 연차휴가 적용시기

사례

Q 근로기준법이 2020년 3월 31일자로 개정 시행되었습니다. 개정 근로기준법 설명자료(2020.3.30)에 따르면, '1년 미만 근로자 및 1년간 80% 미만 출근자의 연차휴가에 대한 사용 촉진제도의 경우 법 시행일 이후 발생한 연차휴가부터 적용됨'이라고 나와 있습니다.

입사 1년 미만자의 경우 언제 입사한 근로자부터 적용되고, 촉진일수는 몇 개인가요? 2019년 5월 1일 입사자는 마지막 11개째 월차가 2020년 4월 1일자에 발생하기 때문에 10개까지는 법 개정 전을 따르고, 마지막 1개는 개정 후 법률을 따르면 맞는 것인가요?

A 귀 질의내용과 같이 개정 연차휴가 관련 법령의 시행일자는 2020년 3월 31일(공포일)이며, 1년 미만 근로자의 연차휴가의 경우, 시행일 전에 이미 발생한 휴가는 종전의 규정에 따라 발생일로부터 1년 후에 소멸되며, 시행일 이후 발생한 휴가부터 개정법이 적용되어 입사일로부터 1년 후에 소멸됩니다.

또한, 개정 근로기준법 제61조 제2항에 따라 시행일 이후 계속 근로기간이 1년 미만인 기간 동안 월 단위로 발생한 연차휴가(최대 11일)에 대한 사용 촉진이 가능하므로, 귀 질의내용과 같이 계속 근로기간이 1년 미만인 기간 동안 월 단위로 발생한 연차휴가 중 시행일 이후 발생한 연차휴가에 대해서 연차사용 촉진이 가능할 것으로 사료됩니다.

이에 따라 2019년 5월 1일 입사한 근로자의 경우 귀 질의내용과 같이,

☞ 2019년 5월 1일 ~ 2019년 5월 31일 산정기간의 출근율로 2019년 6월 1일자 발생한 연차휴가는 개정법 시행일 이전에 발생한 연차휴가이므로 발생일로부터 1년간(2019.6.1.~2020.5.31.) 사용 가능하며, 촉진 대상에 해당하지 않을 것이며,

☞ 상기 내용과 같은 방식으로 계속 근로기간이 1년 미만인 기간 동안 월 단위로 발생한 연차휴가(최대 11일) 중 2020년 3월 1일 ~ 2020년 3월 31일 산정기간의 출근율로 2020년 4월 1일자 발생한 연차휴가의 경우 개정법 시행일 이후 발생한 연차휴가이므로 사용기간은 2020년 4월 1일 ~ 2020년 4월 30일로 연차촉진 대상에 해당하고, 2020년 4월 30일까지 사용하지 않은 경우 휴가청구권이 소멸될 것으로 사료됩니다.

따라서 상기내용에 따라 2019년 4월 29일 이전 입사자는 개정법 시행일 이후 발생하는 월 단위 연차휴가가 시행일 이후에는 발생하지 않으므로 사용 촉진이 가능한 월 단위 연차휴가가 없을 것이며, 2019년 4월 30일 이후 입사자는 개정법 시행일 이후 발생하는 월 단위 연차휴가가 있는 경우 해당 연차휴가에 대해 사용 촉진이 가능할 것으로 사료됩니다(고용노동부 고객상담센터 인터넷상담과-2AA-2004-0011214, 2020.04.09.).

☞ 개정법은 2019년 4월 30일 이후 입사자부터 적용되며, 1년 미만자의 연차휴가 사용 촉진 가능 여부는 부칙(법률 제17185호, 2020.03.31.) 조항에 따라 '입사일'이 아닌 '연차휴가의 발생일'을 기준으로 판단하게 됩니다(즉, 2020년 3월 31일 이전에 입사한 경우라도 2020년 3월 31일 이후에 발생한 연차휴가에 대해서는 개정법에 따른 사용 촉진이 가능함).

개정법에 따른 1년 미만 및 1년간 80% 미만 출근자의 연차촉진시기

사례

Q 개정법에 따라 1년 미만 근로자 및 1년간 80% 미만 출근자의 연차휴가에 대한 사용 촉진이 가능한가요?

A 근로기준법 개정안 시행 전까지는 1년 미만 및 1년간 80% 미만 출근자의 연차휴가에 대해 사용 촉진이 불가하였지만, 법 시행 이후부터는 사용자가 법에 따라 연차휴가 사용을 촉진할 수 있도록 하고 법에 따른 연차사용 촉진을 하였음에도 불구하고 근로자가 미사용하여 연차휴가가 소멸된 경우 그 미사용 연차휴가에 대한 금전보상 의무를 면제하도록 규정이 신설되었습니다.

(1월 1일 입사자 기준)

구 분	<1차 사용 촉진> (사용자 → 근로자) 미사용연차일수 고지 및 사용 시기 지정·통보 요구	(근로자 → 사용자) 사용 시기 지정·통보	<2차 사용 촉진> (사용자 → 근로자) 근로자의 사용 시기 미통보 시 사용자가 사용 시기 지정·통보
1년 이상 근무자 (법 개정에 따라 80% 미만 출근자도 포함)	7.1~7.10. (6개월 전, 10일간)	촉구받은 날로부터 10일 이내	10.31.까지 (2개월 전)

1년 미만 근무자	연차휴가 9일	10.1. ~ 10.10. (3개월 전, 10일간)	10일 이내	11.31.까지 (1개월 전)
	연차휴가 2일	12.1. ~ 12.5. (1개월 전, 5일간)	10일 이내	12.21.까지 (10일 전)

1. 1년간 80% 미만 출근자의 연차촉진방법

- 1차 촉진 : 연차휴가 발생일로부터 1년이 끝나기 6개월 전부터 10일 이내 근로자별 서면 촉구
- 2차 촉진 : 연차휴가 발생일로부터 1년이 끝나기 2개월 전까지 근로자별 서면 통보

2. 1년 미만자의 연차촉진방법

- 1차 촉진 : 입사일로부터 1년의 근로기간이 끝나기 3개월 전부터 10일 이내(이후 발생한 연차휴가 2일은 1개월 전부터 5일 이내) 근로자별 서면 촉구
- 2차 촉진 : 입사일로부터 1년의 근로기간이 끝나기 1개월 전까지(연차휴가 2일은 10일 전까지) 근로자별 서면 통보

(고용노동부 개정근로기준법 설명자료 참조, 2020.03.30.)

발생	2020년 1월 1일 입사자의 연차휴가 사용 촉진(예시)											
	1.1	2.1	3.1	4.1	5.1	6.1	7.1	8.1	9.1	10.1	11.1	12.1
휴가 일수	-	1일	1일	1일	1일	1일	1일	1일	1일	1일	1일	1일
사용 촉진	-	안 됨		가능 (최초 1년간의 근로기간이 끝나기 3개월 전)							가능 (1개월 전)	

(고용노동부 근로개선지도1과, 2020.04.14. 참조)

개정법에 따른 1년 미만자 및 1년간 80% 미만 출근자의 연차휴가촉진일수

사례

Q 2020년 1월 1일 입사자가 1월, 2월, 3월, 4월, 7월, 11월, 12월 개근한 경우 법 시행에 따른 연차촉진일수는 어떻게 되나요?

A 개정법은 2020년 3월 31일부터 시행되고 있으며, 법 시행일 전에 발생하는 연차휴가는 종전의 규정에 따르게 됩니다.

따라서 1년 미만 근로자의 연차휴가의 경우 시행일 이후 발생한 휴가부터는 개정법이 적용되어 입사일로부터 1년 후에 소멸되나, 시행일 전에 이미 발생한 휴가는 종전의 규정에 따라 발생일로부터 1년 후에 소멸됩니다.

또한 1년 미만 근로자 및 1년간 80% 미만 출근자의 연차휴가에 대한 사용 촉진제도의 경우 시행일 이후 발생한 연차휴가부터 적용됩니다.

위 질의의 경우 연차촉진일수는 다음과 같습니다.

1. 법 시행 전 기既 발생한 연차휴가

① 계속 근로 1년 미만 동안 발생하는 연차

1월, 2월 개근으로 2일 발생 → 각각 2021년 1월, 2월까지 사용 가능

2. 법 시행 후 발생한 연차휴가

② 계속 근로 1년 미만 동안 발생하는 연차

3월, 4월, 7월, 11월 개근으로 4일 발생

→ 모두 2020년 12월 31일까지 사용 가능

③ 80% 미만 출근에 따라 발생하는 연차

2020년 1월, 2월, 3월, 4월 7월, 11월, 12월 개근으로 7일 발생

→ 2021년 1월 1일부터 사용 가능

☞ 개정법에 따른 연차사용 촉진은 ②, ③의 연차휴가에 대하여 가능하게 됩니다(고용노동부 개정 근로기준법 설명자료 참고, 2020.03.30.).

근로계약기간이 9개월인 단기계약직근로자의 연차촉진 대상 여부

사례

Q 당사는 2020년 4월 1일 ~ 12월 31일(9개월)까지 단기근로계약을 체결한 직원이 5명 있습니다. 이 직원들도 개정법에 따른 1년 미만에 해당하여 연차촉진이 가능한가요?

A 고용노동부 개정 근로기준법 설명자료(2020.3.30.)를 참고하여 설명하면 다음과 같습니다.

근로기준법 제61조 제2항은 '근로기간이 1년 이상인 근로자'에 대하여 '최초 1년의 근로기간이 끝날 때까지' 연차휴가를 사용하지 않으면 보상의무가 소멸된다고 규정하고 있으므로,

근로기준법 제61조(연차 유급휴가의 사용 촉진) 제2항

② 사용자가 계속하여 근로한 기간이 1년 미만인 근로자의 제60조 제2항에 따른 유급휴가의 사용을 촉진하기 위하여 다음 각 호의 조치를 하였음에도 불구하고 근로자가 휴가를 사용하지 아니하여 제60조 제7항 본문에 따라 소멸된 경우에는 사용자는 그 사용하지 아니한 휴가에 대하여 보상할 의무가 없고, … <이하 생략> …

1. 최초 1년의 근로기간이 끝나기 3개월 전을 기준으로 10일 이내에 사용자가 근로자별로 사용하지 아니한 휴가 일수를 알려주고, … <이하 생략> …

근로기준법 제60조(연차 유급휴가) 제7항

⑦ 제1항·제2항 및 제4항의 규정에 따른 휴가는 1년간(계속하여 근로한 기간이 1년 미만인 근로자의 제2항에 따른 유급휴가는 최초 1년의 근로가 끝날 때까지의 기간을 말한다) 행사하지 아니하면 소멸된다.

… 〈이하 단서 생략〉 …

1년간의 근로가 예정되어 있지 않은 계약기간 1년 미만의 기간제근로자에게는 연차사용 촉진이 적용된다고 볼 수 없습니다.

다만, 인사노무관리를 통해 연차사용 촉진과 같은 방법 등을 활용해 연차사용을 적극 유도하는 것은 가능할 것이나, 이 경우에도 근로자가 연차휴가를 사용하지 않았다면, 그 연차휴가에 대한 보상의무가 있습니다.

☞ 계약기간을 1년 미만으로 체결한 근로자에게는 법 조항에 나와 있는 대로 연차촉진을 할 수 없습니다.

- 다만, 1년 미만 근로계약을 체결하였다 하더라도, 근로계약 갱신 또는 계약기간 연장 등으로 근로관계의 단절 없이 1년 이상의 근로가 예정되어 있는 경우라면 법 제61조 제2항에 따른 연차사용 촉진 조치를 할 수 있음(고용노동부 근로개선지도1과, 2020.04.14. 연차사용 촉진제도 관련 주요 Q&A 참조).

개정법에 따른 1년 미만자는 반드시 입사일 기준으로 연차촉진 시행 여부

사례

Q 당사는 회계연도로 연차를 관리하고 있습니다. 개정법에 따라 1년 미만의 연차촉진을 개인별 입사일 기준으로 반드시 해야 하나요? 직원이 많아서 개인별 연차촉진하기가 쉽지 않은데 회계연도 방식으로 연차촉진을 해도 무방한가요?

A 근로기준법 제61조 제2항 제1호에 '최초 1년의 근로기간이 끝나기 3개월 전을 기준으로'라고 규정하고 있으므로, 최초 1년의 근로기간이 끝나기 3개월 전을 기준으로 10일 이내에 사용자가 근로자별로 사용하지 아니한 휴가 일수를 알려주고, 근로자가 그 사용 시기를 정하여 사용자에게 통보하도록 서면으로 촉구할 것. 다만, 사용자가 서면 촉구한 후 발생한 휴가에 대해서는 최초 1년의 근로기간이 끝나기 1개월 전을 기준으로 5일 이내에 촉구하여야 합니다.

또한 근로기준법 제61조 제2항에 '최초 1년의 근로기간이 끝나는 날'을 기준으로 이전 3개월(또는 1개월) 전 사용 촉진을 하도록 규정하고 있으므로, 취업규칙 등 노사합의에 따라 사용기간이 연장되었더라도 '최초 1년의 근로기간이 끝나는 날'을 기준으로 사용 촉진을 해야 할 것입니다(고용노동부 근로개선지도1과, 2020.04.14. 연차사용촉진제도 관련 주요 Q&A 참조).

☞ 법 조항에 입사일 기준으로 연차촉진을 명시하고 있어 회계연도 방식으로 연차촉진을 할 수가 없습니다. 따라서 법 규정에 따라 1년 미만자는 개인별 입사일 기준으로 연차촉진을 해야 합니다.

1년 미만 근로자의 연차휴가는 회계연도를 기준으로 부여할 수 없으며(임금근로시간과-883, 2020.4.13.), 실제 입사일로부터 매월 개근한 달에 대하여 1일의 연차유급휴가가 발생하므로, 회계연도 기준으로 연차휴가를 부여하는 사업장의 경우에도, 1년 미만 근로자 연차휴가 사용촉진은 입사일 기준으로 운영하여야 할 것으로 사료됩니다(고용노동부 고객상담센터 인터넷상담과, 2020.05.16.).

개정법에 따른 1년 미만자의 연차사용기간을 연장한 경우 사용 가능 여부

사례

Q 1. 취업규칙에 1년 미만자의 연차휴가를 입사한 다음 해의 12월 31일까지 사용 가능하도록 규정하였는데, 연차사용 촉진을 한 이후에도 입사한 다음 해의 12월 31일까지 사용이 가능한가요?

2. 2020년 3월 31일부터 1년 미만자에게 한 달에 1개 생성되는 월차는 사용 촉진 대상에 포함한다고 들었습니다. 만약 1년 미만자의 11개 발생 월차를 사용 촉진을 안 하거나 또는 금품으로 지급하지 않을 시 근로자와 합의하고 내년으로 이월시켜도 무방한가요? 그리고 이월이 가능하면 이월시킨 연차에 대해서는 연차촉진이 가능한가요?

A 1. 연차사용 촉진에 따른 효과는 '보상의무가 소멸'되는 것이지, 연차휴가 자체가 소멸되는 것으로는 볼 수 없고, 노사 간 연차수당을 지급하는 대신 이월하여 사용토록 하거나, 사용기간을 연장하는 합의도 유효하므로(근로조건지도과-1046, 2009.02.20. 참조),

사용자의 연차사용 촉진에 따라 해당 연차휴가에 대한 보상의무는 '최초 1년의 근로기간이 끝난' 후에 소멸되나, 노사합의에 따른 사용기간까지는 여전히 사용이 가능하다고 보는 것이 타당합니다(만약 사용이 불가능하다고 보면, 사용자의 연차사용 촉진에 따라 소멸시기를 연장한 노사합의가 무효가 되는 결과 발생)(고용노동부 근로개선지도1과,

2020.04.14. 연차사용 촉진제도 관련 주요 Q&A 참조).

2. 개정법의 적용 기준은 2020년 3월 31일 개정법 시행일 이후 발생한 연차휴가부터 적용됩니다. 즉, 개정법 전에 발생한 연차휴가의 경우 종전과 같이 발생일로부터 1년간 사용 가능하고, 개정법 이후 발생한 연차휴가는 근로자 입사일로부터 1년간 사용 가능합니다.

위 질의와 관련하여 우리부는 취업규칙, 단체협약으로 입사 1년 미만 기간의 연차휴가(매월 발생하는 근로기준법 제60조 제2항의 연차휴가)를 이월 사용 합의하여 입사 2년차 종료시점까지 사용하도록 하는 합의 자체는 근로자에게 휴가 사용기간을 연장하고, 미사용 시 연차휴가미사용수당도 그대로 지급하게 되므로 근로자에게 불리함이 없는 합의로 유효하다고 보고 있습니다.

또한 같은 법 제61조 제2항은 '계속하여 근로한 기간이 1년 미만인 근로자의 같은 법 제60조 제2항에 따른 유급휴가'를 연차사용 촉진의 대상으로 규정하고 있으므로, 취업규칙 등 노사합의로 법 제60조 제7항에 따른 연차휴가의 사용기간을 늘린 경우에도 '계속하여 근로한 기간이 1년 미만인 근로자의 제60조 제2항에 따른 유급휴가'인 이상 연차사용 촉진은 가능하나,

같은 법 제61조 제2항은 '최초 1년의 근로기간이 끝나는 날'을 기준으로 이전 3개월(또는 1개월) 전 사용 촉진을 하도록 규정하고 있으므로, 취업규칙 등 노사합의에 따라 사용기간이 연장되었더라도, '최초 1년의 근로기간이 끝나는 날'을 기준으로 사용 촉진을 해야 할 것입니다(고용노동부 고객상담센터 인터넷상담과-2AA-2004-0296843, 2020.04.21.).

※ 사용기간이 연장되었다고 하여 2년차 종료시점(또는 입사한 다음 해의 12.31.)을 기준으로 한 사용촉진이 허용되는 것은 아님(고용노동부 고객상담센터 인터넷상담과, 2020.05.17.)

☞ 즉, 보상의무를 면제받기 위해서는 1년 미만 연차휴가의 사용 촉진은 입사일로부터 최초 1년의 근로기간이 끝나는 날을 기준으로 하여야 함

2차 연차촉진 시 임의 지정 여부 및 별도의 양식 여부

사례

Q 1차에 연차촉진을 하고 2차인 10월 31일까지 촉진해야 하는 것으로 아는데, 현재 기준으로 잔여연차를 알려주고 사용 시기를 본인이 1차에 제출한 것에 지정하고 잔여일수에 대해 회사에서 임의로 지정하여 보내면 되나요?

그리고 별도의 양식이 있나요?

A 1차 시기에 근로자별로 연차사용계획을 전부 받지 않았을 경우 2차로 사용자가 그 시기를 지정해 통보하여야 합니다.

1차 시기에 제출한 연차사용계획서대로 10월 31일까지 연차사용 유무를 체크하면서 계획대로 연차사용이 이루어지지 않은 경우 2차로 연차사용일을 사용자가 지정하여 통보하면 됩니다.

☞ 일부 관할지청의 근로감독 사항으로 경우에 따라 달라질 수 있음

※ 미사용 연차휴가 사용 시기 지정통보서 양식 참고(예시)

미사용 연차 유급휴가 사용 시기 지정 통보

< 근로기준법 제61조(연차유급휴가의 사용촉진) 관련 >

1. 대상 근로자

성 명	부 서	사 번	직 위

2. 귀하의 미사용 연차 유급휴가의 사용시기 미통보에 따라, 부득이 사용 시기를 아래와 같이 지정하여 통보드리오니, 지정된 날짜에 연차 유급휴가를 반드시 사용하시기 바랍니다.

※ 만약, 지정된 날짜에 연차 유급휴가를 사용하지 않은 경우에는 연차 유급휴가가 소멸되더라도 연차미사용수당은 지급되지 않음을 알려드립니다.

< 미사용 연차 유급휴가 사용 시기 지정 >

해 당 월	지 정 일 자	사 용 일 수
월	일	일
월	일	일
월	일	일
월	일	일
월	일	일
월	일	일

20○○.○.○.

○○○○(주) 대표이사

단시간근로자 연차촉진사용대상자 해당 여부

사례

Q 2020년 1월 1일 입사한 단시간근로자가 있습니다. 1주일에 8시간씩 3일 근무하고 있으며, 2021년 1월 1일에 연차휴가를 부여해야 하는데 개정법 시행의 연차촉진사용대상자가 되나요?

A 2020년 3월 31일자 개정된 연차 관련 규정은 단시간근로자에 대해 예외 규정을 두고 있지 않으므로, 단시간근로자에 대해서도 2020년 3월 31일 이후 발생한 연차휴가에 대해서는 연차휴가 사용 촉진이 가능할 것으로 사료됩니다.

따라서 2020년 1월 1일 입사한 단시간근로자의 경우, 2020년 2월 1일자, 2020년 3월 1일자로 발생한 근로기준법 제60조 제2항에 따른 연차휴가는 개정법 시행일 이전에 발생하였으므로 연차사용 촉진이 불가할 것이고,

2020년 4월 1일, 2020년 5월 1일 2020년 6월 1일, 2020년 7월 1일, 2020년 8월 1일, 2020년 9월 1일, 2020년 10월 1일자로 발생한 같은 법 제60조 제2항에 따른 연차휴가는 최초 1년간의 근로기간이 끝나기 3개월 전부터 10일 이내에 연차사용 촉진이 가능하고, 2020년 11월 1일, 2020년 12월 1일자 발생한 같은 법 제60조 제2항에 따른 연차휴가는 최초 1년간의 근로기간이 끝나기 1개월 전까지 연차사용 촉진이 가능할 것으로 사료됩니다(고용노동부 고객상담센터 인터넷상담과-2AA-2004-0119256, 2020.04.14.).

기한 내에 연차촉진 통보를 못 한 경우

사례

Q 연차촉진제도를 시행하고 있는데 7월 1일 ~ 7월 10일 내에 서면으로 통보를 못 했습니다. 지금이라도 잔여연차를 확인해서 통보하는 것이 맞나요?(근속 1년 이상자 기준)

A 근로자가 휴가 사용 촉구를 받은 때부터 사용하지 아니한 휴가의 일부의 사용 시기만을 사용자에게 통보하였을 경우, 근로기준법 제61조 제2호에 따라 근로자의 휴가 청구권이 끝나기 2개월 전까지 사용자는 사용하지 아니한 나머지 휴가의 사용 시기를 정하여 근로자에게 서면으로 통보하여야 하므로, 사용자가 동 절차를 준수하지 아니하였다면 미사용 휴가에 대한 보상 의무는 면제되지 않습니다.

따라서 같은 법 제61조(연차 유급휴가의 사용 촉진)에서 정한 연차사용 촉진시기를 놓친 경우에는 미사용연차휴가에 대한 보상의무가 면제되지 않습니다.

감시·단속적 근로자의 미사용 연차촉진 대상 여부

사례

Q 당사 경비원이 감시·단속적 근로자 적용 제외 승인을 받았습니다. 이 근로자도 미사용 연차촉진 대상이 되나요?

A 감시·단속적 근로자는 근로기준법 제63조에 따라서 같은 법 제4장과 제5장에서 정한 근로시간, 휴게와 휴일에 관한 규정은 적용되지 않습니다.

따라서 감시·단속적 근로자도 같은 법 제61조에 의한 연차휴가 사용 촉진 조치는 적용되는 것으로 사료됩니다(고용노동부 고객상담센터 인터넷상담과-2AA-2002-0434887, 2020.02.24.).

보상휴가에 대한 연차촉진 가능 여부

사례

Q 당사는 업무 특성상 주말 또는 야근 시 초과근무수당을 지급하였으나 이번에 휴가로 대체하려고 합니다. 노사합의로 대체휴가에 대한 합의를 하였고 초과근무 시 1.5배에 해당하는 휴가를 부여하려고 합니다.

보상휴가 부여 시 연차촉진의 대상이 되나요?

A 보상휴가는 임금 지급 대신 휴가를 부여하는 제도이므로, 근로자가 휴가를 사용하지 않는 경우에는 그에 대한 임금을 지급하여야 합니다. 근로자는 휴가를 사용할 수 없도록 확정된 날의 다음 날부터 임금청구권을 행사할 수 있습니다. 사용자는 휴가를 사용할 수 없도록 확정된 날 다음 날부터 최초로 도래하는 임금정기지급일에 해당 임금을 지급하여야 합니다.

보상휴가는 연차 유급휴가와 달리 사용자가 휴가 사용 촉진 조치(근로기준법 제61조)를 통해 임금지급의무를 면제받을 수 없습니다.

아울러 노사가 '보상휴가 사용기간 내에 사용자의 귀책사유 없이 근로자가 사용하지 않은 보상휴가에 대해 임금지급의무가 없다.'라고 합의하더라도 그러한 합의는 효력이 없습니다(고용노동부-유연근로시간제 가이드, 2019.08.).

전년도 입사자의 연차촉진제 시행 여부

사례

Q 2019년 9월 1일 입사자가 있습니다. 개정법 시행으로 1년 미만도 연차촉진 시행이 가능해졌습니다. 2020년 1월 1일자로 회계연도 기준으로 연차 5개를 비례 부여하였습니다(15 × 4 / 12). 그래서 2020년 7월 1일자로 연차사용 촉진을 하려고 합니다.

1. 비례 부여한 연차일수 5개에 대해 연차사용 촉진이 가능한가요?

2. 법 개정 이후부터 발생한 월차 5일(4.1., 5.1., 6.1., 7.1., 8.1.)에 대해 연차사용 촉진을 하는 것인가요?

A 개정 근로기준법 제61조 제2항에 따라 시행일 이후 계속 근로기간이 1년 미만인 기간 동안 월 단위로 발생한 연차휴가(최대 11일)에 대한 사용 촉진이 가능하므로, 귀 질의 2의 내용과 같이 계속 근로기간이 1년 미만인 기간 동안 월 단위로 발생한 연차휴가 중 시행일(2020.3.31.) 이후 발생한 연차휴가에 대해서 연차사용 촉진이 가능할 것으로 사료됩니다.

한편 귀 질의 1과 관련하여, 개정법 시행 전 연차휴가 사용 촉진제도는 같은 법 제60조 제1항(1년 80% 이상 출근 시 15일), 제4항(가산휴가)에 한해 적용되었으므로, 그동안 이에 대한 행정해석은 계속 근로 1년 미만 근로자와 1년간 80% 미만 출근자에 대해 주어지는 연차 유급휴가(근로기준정책과-3084, 2015.7.13.), 회계연도를 기준으로 연차 유급휴가를 부여하는 경우에 1년 미만의 기간에 대해 비례적으로 주어지는 연차 유급휴가, 연차 유급휴가 발생 전에 미리 주어지는 연차 유급휴가(임금근로시간정책팀-511, 2005.11.22.), 미사용 휴가에 대해 수당지급 대신 다음 연도로 이월하여 사용토록 한 연차 유급휴가 등은 사용 촉진 대상이 아니라고 보며, 회계연도 기준으로 연차 유급휴가를 부여하는 경우 입사 2년차 1월 1일에 부여되는 휴가는 계속 근로기간 1년 미만인 기간에 대하여 발생하는 휴가의 성질도 있으므로 연차휴가 사용촉진제도가 허용되지 않는다고 판단하였습니다.

상기 이전 행정해석에 따라 회계연도 기준으로 연차 유급휴가를 부여하는 경우 입사 2년차 1월 1일에 비례 부여되는 휴가는 계속 근로기간 1년 미만인 기간에 대하여 발생하는 휴가의 성격이 있으므로 이에 대한 연차휴가 사용 촉진제도가 허용되지 않는다고 판단하였으나, 2020년 3월 31일자 개정법 시행으로 인하여 계속 근로기간 1년 미만인 기간에 대하여 개정법 시행일 이후 발생하는 휴가의 경우도 연차휴가 사용 촉진제도가 허용되므로 회계연도로 비례 부여되는 연차휴가(귀 질의 1의 비례 부여한 연차휴가 5일)에 대해서도 연차휴가 사용 촉진제도 허용 대상의 여지가 있을 것으로 추정됩니다(고용노동부 고객상담센터 인터넷상담과-2AA-2003-0547580, 2020.04.02.).

연차사용 촉진제와 퇴직금 연차수당과의 관계

사례

Q 당사는 연차사용 촉진제도를 운영하고 있습니다. 2016년 3월 15일 입사 ~ 2018년 3월 15일 퇴사자로 퇴직금 계산 시 연차수당이 포함되나요?

A 퇴직전년도 출근율에 의하여 퇴직연도에 발생한 연차 유급휴가를 미사용하고 퇴직함으로써 비로소 지급사유가 발생한 연차 유급휴가미사용수당은 평균임금의 정의상 산정사유 발생일 이전에 그 근로자에 대하여 지급된 임금이 아니므로 평균임금 산정 임금에 포함되지 아니합니다(임금근로시간정책팀-3295, 2007.11.05.).

따라서 2018년 3월 15일 퇴사자의 경우 새로이 발생된 연차에 대해 퇴직으로 인해 발생되는 수당은 평균임금 산정 시 포함되지 않게 됩니다.

1년 이상 근무자의 법적 연차사용 촉진 기준일

사례

Q 근로기준법 제61조를 보면

> 1. 제60조 제7항 본문에 따른 기간이 끝나기 6개월 전을 기준으로 10일 이내에 사용자가 근로자별로 사용하지 아니한 휴가 일수를 알려주고, 근로자가 그 사용 시기를 정하여 사용자에게 통보하도록 서면으로 촉구할 것
> 2. 제60조 제7항 본문에 따른 기간이 끝나기 2개월 전까지 사용자가 사용하지 아니한 휴가의 사용 시기를 정하여 근로자에게 서면으로 통보할 것

위의 법조문에서 6개월 전과 2개월 전은 정확히 언제인가요?

A 회계연도 연차관리 사업장 기준으로 설명하면 다음과 같습니다.

회계연도 12월 31일 종료기준으로 6개월 전은 7월 1일 ~ 7월 10일까지이며, 2개월 전은 10월 31일까지를 말합니다.

연차사용 촉진제도 부분 사용 가능 여부

사례

Q 당사에 근속년수가 오래되어 연차가 25개인 직원이 있는데, 이 중 일부(15개)에 대해서만 연차촉진제도 운영이 가능한가요?

A 근로기준법 제61조에 따른 연차사용 촉진제도는 휴가기간이 끝나기 6개월 전을 기준으로 10일 이내에 사용자가 근로자별로 사용하지 아니한 휴가 일수를 알려주고, 근로자가 그 사용 시기를 정하여 사용자에게 통보하도록 서면으로 촉구하고, 사용자의 촉구에도 불구하고 근로자가 촉구를 받은 때부터 10일 이내에 사용하지 아니한 휴가의 전부 또는 일부의 사용 시기를 정하여 사용자에게 통보하지 아니하면 휴가 사용기간이 끝나기 2개월 전까지 사용자가 사용하지 아니한 휴가의 사용 시기를 정하여 근로자에게 서면으로 통보하였음에도 근로자가 휴가를 사용하지 않은 경우에는 미사용한 휴가에 대하여 보상할 의무가 없습니다.

다만, 귀사가 같은 법 제61조에 따른 연차사용 촉진제도를 도입하면서 최대 15일까지만 연차사용 촉진을 하고 나머지 연차발생일수에 대해서는 수당을 지급하기로 규정하는 것도 가능할 것으로 사료됩니다(고용노동부 고객상담센터 인터넷상담과 1AA-2002-0400390, 2020.02.17.).

따라서 근로자에게 불리하지 않게 근로자에게 자율적인 선택권을 부여하되, 일부에 대해서만 연차촉진을 운영해도 무방합니다.

연차사용 촉진제도 운영 중에 중도퇴사자가 발생할 경우 연차수당 지급 여부

사례

Q 당사는 연차촉진제도를 운영 중에 있습니다. 재직자의 경우 연차사용 촉진을 하여 보상의무를 면하고 있는데 중도퇴사자의 경우 별개로 잔여연차에 대해 미사용수당을 지급해야 하나요?

A 사용자가 근로자에게 연차 유급휴가 사용 촉진 조치 이후 근로자가 휴가지정일 이전에 퇴직하여 휴가 사용이 이루어지지 아니한 경우에는 미사용 휴가에 대하여 보상의무를 면하였다고 보기는 어려습니다(임금근로시간정책팀-194, 2005.10.10.).

또한 사용자가 사용 촉진 조치를 한 이후 근로자가 휴가지정일 이전에 퇴직한 경우라면 정상적으로 사용 촉진 조치가 이루어졌다고 볼 수 없으므로 미사용 휴가에 대하여는 수당으로 지급하여야 합니다(임금근로시간정책팀-2888, 2007.09.11.).

따라서 퇴직으로 인해 사용하지 못한 미사용 휴가에 대한 연차휴가수당을 전액 지급하여야 합니다.

연차촉진 지정일 전 퇴직한 경우 연차수당 지급 여부

사례

Q 사용자의 1차 촉진에 따라 근로자가 사용 시기를 지정했으나, 지정일 전 퇴직한 경우 연차휴가미사용수당을 지급해야 하나요?

A 근로기준법 제61조는 사용자가 연차휴가의 사용 촉진을 하였음에도 불구하고, 근로자가 미사용하여 같은 법 제60조 제7항 본문에 따라 소멸된 경우에 보상의무를 면제하고 있습니다. 즉, 1년 미만 근로자 연차휴가의 경우 입사일로부터 1년 후 소멸, 1년간 80% 미만·이상 출근자 연차휴가의 경우 연차발생일로부터 1년 후 소멸됩니다.

따라서 사용 촉진한 연차휴가가 같은 법 제60조 제7항 본문에 따른 기간이 도래하기 이전에 퇴직의 사유로 인하여 소멸된 경우라면, 같은 법 제60조 제7항 본문에 따라 소멸된 것이 아니므로, 사용자에게는 그 미사용 연차휴가에 대한 금전보상의무가 있습니다(고용노동부 개정 근로기준법 설명자료 참조, 2020.03.30.).

연차휴가 사용 촉진 시 근로자가 휴가계획서대로 사용하지 않을 경우

사례

Q 근로자의 입장에서 휴가계획서만 제출하면 휴가를 사용하지 않아도 수당으로 지급받을 수 있나요? 그리고 근로자가 휴가계획서 제출 후 미사용 시 사용자가 휴가 시기를 지정해서 통보과정을 생략해도 연차휴가수당 지급의무를 면제받을 수 있나요?

A

■ 사용자는 지정된 휴가일에 근로자가 출근한 경우 노무수령 거부의사를 명확히 표시하여야 하며, 그럼에도 불구하고 근로를 제공한 경우에는 연차수당을 지급할 의무가 없습니다.
사용자가 노무수령 거부의사를 명확히 표시하지 않았거나 근로자에 대하여 업무지시 등을 하여 근로자가 근로를 제공한 경우에는 휴가일에 근로를 승낙한 것으로 보아야 하므로 연차수당을 지급해야 합니다.

■ 회계연도 단위로 연차휴가를 부여하는 경우 연차휴가 사용 촉진 조치 시기(1년 이상자)
① 사용 시기 지정요구(회사) 7월 1일 ~ 7월 10일 →
② 사용 시기 지정통보(근로자) 10일 이내 →
③ 근로자 미지정 시 사용 시기 통보(회사) 10월 31일(만료 2월 전까지) →

④ 휴가 사용 11월 1일 → 12월 31일

근로자에게 발생된 연차 유급휴가에 대하여 휴가청구권이 발생되지 않기 위해서는 법령에 명시된 내용의 절차를 명확하게 이행되었을 경우에 한하여 근로자가 미사용한 연차휴가에 대하여 연차휴가수당청구권이 발생되지 않습니다. 단순히 근로자에게 발생된 연차를 소진하도록 권고하고 취업규칙에 명시만 되어 있다고 하여 연차수당청구권이 소멸되는 것이 아니므로 위 연차사용 촉진 절차 이행 여부를 확인 후 퇴직근로자에게 연차수당을 지급해야 할지 여부를 판단해야 합니다(고용노동부 고객상담센터 인터넷상담과, 2019.6.19.).

연차휴가 2차 사용 촉진 시 2개월 전에 해야 할 사항

사례

Q 올해부터 연차사용 촉진을 하려고 합니다. 1년 근속자 대상으로 2개월 전에 연차가 10일 이상 남아 있는 경우 2차 통보는 8월이나 9월에도 해도 문제가 없나요?

또한 회사에서 강제 지정해서 통보했는데도 불구하고, 본인이 원하는 날짜에 변경할 수 있게 해줘도 되나요? 그리고 본인이 원하는 날짜에 사용할 경우 사용계획서 수정을 받아야 하나요?

A 근로기준법 개정으로 근속 1년 이상의 경우 연차사용 촉진 절차는 다음과 같습니다.

관련 법규

근로기준법 제61조(연차 유급휴가의 사용 촉진) 제1항 제2호

2. 제1호에 따른 촉구에도 불구하고 근로자가 촉구를 받은 때부터 10일 이내에 사용하지 아니한 휴가의 전부 또는 일부의 사용 시기를 정하여 사용자에게 통보하지 아니하면 제60조 제7항 본문에 따른 기간이 끝나기 2개월 전까지 사용자가 사용하지 아니한 휴가의 사용 시기를 정하여 근로자에게 서면으로 통보할 것

2개월 전은 회계연도기준 7월 21일부터 10월 31일까지 사용자가 근로기준법 제61조 제2호에 따라 강제 지정통보하는 것은 같은 법 제61조 제1호에 따라 근로자가 연차휴가 사용 시기를 지정하지 아니한 경우에 진행되는 것입니다.

근로자가 원하는 날짜에 사용하고자 할 경우 연차휴가 사용 촉진 취지에 맞게 부여해야 할 것입니다. 또한 기존의 사용계획서를 수정하는 것도 절차상 하자가 없습니다.

사용계획서상의 휴가일 또는 사용자가 지정한 휴가일에 사용이 어려운 경우 당사자 간 동의하에 사용일을 변경하는 것도 가능할 것이나, 사용 촉진 조치 이행에 대한 다툼을 예방하기 위해서는 실제 사용 내역이 상이하거나 사용하지 않은 근로자의 경우 사용자는 같은 법 제61조 제2호에 따른 사용 시기 지정 및 통보를 함이 바람직할 것입니다(고용노동부 고객상담센터 인터넷상담과-2AA-2002-0437457, 2020.02.24.).

익년도까지 연차를 이월하는 사업장에서 연차사용 촉진시기

사례

Q 당사는 입사하면 15일 연차를 부여하고 월할로 부여하며, 연차휴가 종료시점은 다음 연도 3월까지 이월해서 보다 여유 있게 휴가를 사용할 수 있도록 제도를 운영하고 있습니다. 그렇다보니 당사의 경우 7월 1일자는 현실적으로 통보가 불가능하여 6개월 전인 10월부터 연차촉진을 해도 무방한가요?

A

관련 법규

근로기준법 제60조(연차 유급휴가) 제7항

⑦ 제1항·제2항 및 제4항에 따른 휴가는 1년간(계속하여 근로한 기간이 1년 미만인 근로자의 제2항에 따른 유급휴가는 최초 1년의 근로가 끝날 때까지의 기간을 말한다) 행사하지 아니하면 소멸된다. 다만, 사용자의 귀책사유로 사용하지 못한 경우에는 그러하지 아니하다.

근로기준법 제61조(연차 유급휴가의 사용 촉진) 제1항 제1호

1. 제60조 제7항 본문에 따른 기간이 끝나기 6개월 전을 기준으로 10일 이내에 사용자가 근로자별로 사용하지 아니한 휴가 일수를 알려주고, 근로자가 그 사용 시기를 정하여 사용자에게 통보하도록 서면으로 촉구할 것

근로기준법 제60조 제7항의 규정에 따라 연차 유급휴가는 사용자의 귀책사유로 사용하지 못한 경우를 제외하고 1년간 행사하지 아니하면 소멸되며, 연차 유급휴가 사용기간을 이월한 사유가 사용자의 귀책사유에 해당되지 않은 경우에는 연차 유급휴가청구권이 발생해 1년이 되는 날을 기준으로 6개월 전에 연차 유급휴가 사용 촉진을 해야 할 것으로 사료됩니다(근로개선정책과-5225, 2013.09.06.).

따라서 근속 1년 이상의 직원에 대해서는 7월 1일부터 연차사용 촉진을 해야 합니다.

관행적으로 미리 선부여한 연차휴가를 대상으로 휴가 사용 촉진 조치 가능 여부

사례

Q 당사는 관행적으로 미리 부여한 연차휴가를 선부여한 해당 연도에 근로기준법에 의한 연차 유급휴가 사용 촉진을 하려고 하는데 가능한가요?

예를 들어 2018년 12월 16일부터 2019년 12월 15일까지 근무하여 발생한 연차휴가를 2018년 12월 16일부터 사용가능토록 미리 선부여하고 이를 2019년 12월 15일을 기준으로 연차 유급휴가 사용 촉진을 하려고 합니다.

A 근로기준법상 연차 유급휴가 발생요건과는 관계없이 관행적으로 연차 유급휴가를 미리 선부여하는 형태로 운영해오고 있는 경우에는 같은 법 제60조 제1항, 제2항 및 제4항의 연차 유급휴가 부여의 요건을 충족한 연차 유급휴가로 볼 수 없으므로 같은 법 제61조에 의한 휴가 사용 촉진 대상으로 볼 수는 없을 것으로 사료됩니다(임금근로시간정책팀-511, 2005.11.22.).

연차촉진 시 업무상 불가피하게 연차를 사용하지 못한 경우

사례

Q 당사는 연차촉진제를 시행하고 있습니다. 그러나 업무상 불가피한 경우 연차를 사용하지 못한 경우 잔여연차에 대해 수당을 지급하고 있습니다.

업무적인 경우에 한해서만 연차수당을 지급하는데 이것이 문제가 되나요?

A 연차계획서에 나온 대로 연차 신청을 하지 못하고 근로자가 사업장 출근을 사용자가 저지하지 못해서 묵인하에 출근한 경우에는 연차촉진을 인정받지 못합니다. 따라서 사용자가 업무상 또는 개인적 이유로 사업장에 출근한 근로자에 대한 명시적인 노무수령 거부를 하지 못한 경우 연차수당 지급 대상에 해당하게 됩니다.

노무수령 거부의사를 표시하는 사례로 회사 시스템 접속 시 팝업창 활용 또는 오프라인으로 서면통보서 서명, 노무수령 거부통지서를 책상 위에 올려놓는 등 여러 가지를 활용할 수 있습니다.

판례

■ … 〈중략〉 … 사용자가 연차휴가 사용 촉진 조치를 하였음에도 근로자가 휴가를 사용하지 아니하여 연차휴가가 소멸된 경우에는 사용자는 그 사용하지 아니한 휴가에 대하여 보상할 의무가 없다(구舊 근로기준법 제61조). 다만, 위와 같은 휴가 미사용은 근로자의 자발적인

의사에 따른 것이어야 한다. 근로자가 지정된 휴가일에 출근하여 근로를 제공한 경우 사용자가 휴가일에 근로한다는 사정을 인식하고도 노무의 수령을 거부한다는 의사를 명확하게 표시하지 아니하거나 근로자에 대하여 업무 지시를 하였다면 특별한 사정이 없는 한 근로자가 자발적인 의사에 따라 휴가를 사용하지 않은 것으로 볼 수 없어 사용자는 근로자가 이러한 근로의 제공으로 인해 사용하지 아니한 휴가에 대하여 여전히 보상할 의무를 부담한다. … 〈중략〉 … (대법 2019다279283, 2020.02.27.)

연차촉진 시 2차 촉진을 해야 하는지 여부

사례

Q 근속 1년 이상인 경우 1차 연차촉진을 7월초에 시행하고 개인별로 사용계획서를 전부 취합하였습니다. 사용계획서를 제출한 경우 사용자가 연차사용일까지 지정하여 통보하는 2차 촉진까지 해야 하나요?

A

- 우리부 행정해석(근로조건지도과-44, 2009.1.5.)에서는 근로자가 휴가 사용 촉구를 받은 때부터 사용하지 아니한 휴가의 일부의 사용 시기만을 사용자에게 통보하였을 경우, 근로기준법 제61조 제2호에 따라 근로자의 휴가청구권이 끝나기 2개월 전까지 사용자는 사용하지 아니한 나머지 휴가의 사용 시기를 정하여 근로자에게 서면으로 통보하여야 하므로 사용자가 동 절차를 준수하지 아니하였다면 미사용 휴가에 대한 보상의무가 면제되지 않는다는 입장입니다.

  따라서 해당 근로자가 미사용한 연차 유급휴가의 전부를 사용 시기를 정하여 사용자에게 통보하였다면, 휴가청구권이 끝나기 2개월 전에 사용자가 휴가 사용 시기를 정하여 서면 통보를 하지 않을 것이나, 근로자가 휴가의 일부만 사용 시기를 제출하였거나, 실제 사용 내역이 상이하거나 사용하지 않은 근로자의 경우 사용자는 같은 법 제61조 2호에 따른 사용 시기 지정 및 통보를 하여야 할 것으로 사료됩니다(고용노동부 고객상담센터 인터넷상담과-2AA-2002-0434920, 2020.02.24.).

■ 사용자는 우선 근로자 개인별로 미사용 연차휴가 일수를 알려주고, 근로자가 사용 시기를 지정하여 사용자에게 통보하도록 촉구해야 합니다(1차 촉진 : 사용 시기 지정 촉구).

만약, 근로자가 1차 촉진을 받은 날로부터 10일 이내에 사용 시기를 정하여 사용자에게 통보하지 않은 경우에는 2차 촉진(사용자가 사용 시기를 지정하여 근로자에게 통보)을 해야 하나, 근로자가 10일 이내에 사용 시기를 정하여 사용자에게 통보한 경우라면 2차 촉진은 필요하지 않습니다(고용노동부 개정 근로기준법 설명자료 참조, 2020.03.30.).

연차촉진 시 서면 통보 대신 전사게시판에 공지해도 가능한지 여부

사례

Q 사용자가 휴가 사용 시기를 정해서 개별 근로자에게 서면 통보하지 않고 사내 게시판에 공지로 올리고 실제로 사용하지 않을 경우 청구가 가능한가요?

A 근로기준법 제61조는 사용자가 근로자별로 미사용 휴가 일수를 알려주어, 근로자가 그 사용 시기를 정하여 사용자에게 통보하도록 '서면'으로 촉구토록 하고, 촉구를 받은 근로자가 미사용 휴가의 사용 시기를 정하여 사용자에게 통보하지 아니한 경우에는 사용자가 미사용 휴가의 사용 시기를 정하여 근로자에게 '서면'으로 통보토록 규정하고 있으며, 그러한 휴가 사용 촉진 조치에도 불구하고 근로자가 휴가를 사용치 아니하여 휴가가 소멸되는 경우에는 사용자는 그 미사용 휴가에 대한 보상을 할 의무가 없다고 규정하고 있는바, 사용자로 하여금 '서면'으로 촉구 또는 통보하도록 규정한 것은 휴가 사용 촉진 조치가 명확하게 이행되도록 하여 근로자의 권리보호를 보다 충실하게 하고 불명확한 조치로 인한 당사자 간의 분쟁을 방지하려는 취지로 볼 수 있는 것입니다.

따라서 '회사 내 E-mail을 활용하여 통보'하거나 '근로자별 미사용 휴가 일수를 게재한 공문을 사내 게시판에 게재'하는 것은 그러한 방법이 근로자 개인별로 '서면' 촉구 또는 통보하는 것에 비하여 명확하다고 볼 수 없는 한 인정되기 어렵다고 할 것이라는 입장입니다(근로기준과-3836, 2004.7.27.).

따라서 위 행정해석에서와 같이 근로자별 미사용 휴가 일수를 게재한 공문을 사내 게시판에 게재하는 방법은 연차 유급휴가 사용 촉진방법인 서면 촉구로 보기 어려울 것으로 사료됩니다(고용노동부 고객상담센터 인터넷상담과-2AA-2002-0434787, 2020.02.24.).

관련 법령

근로기준법 제61조(연차 유급휴가의 사용 촉진) 제2항 제1호

1. 최초 1년의 근로기간이 끝나기 3개월 전을 기준으로 10일 이내에 사용자가 근로자별로 사용하지 아니한 휴가 일수를 알려주고, 근로자가 그 사용 시기를 정하여 사용자에게 통보하도록 서면으로 촉구할 것. 다만, 사용자가 서면 촉구한 후 발생한 휴가에 대해서는 최초 1년의 근로기간이 끝나기 1개월 전을 기준으로 5일 이내에 촉구하여야 한다.

☞ 근로기준법 제61조는 '근로자별'로 사용 촉구를 하도록 규정하고 있으므로, 연차휴가의 사용 촉진 조치는 '개별 근로자별'로 해야 유효함.

전자결재시스템을 통한 연차 유급휴가 사용 촉진 방법 가능 여부

사례

Q 당사는 연차 유급휴가 사용 촉진 시에 사내 전자결재시스템을 이용하여 근로기준법 제61조의 서면 통보를 갈음하려고 하는데 가능한가요?

A 근로기준법 제61조는 연차휴가의 사용 촉진을 규정하고 있으며, 사용자가 사용 시기를 지정하도록 근로자에게 서면 촉구하는 등 제61조의 절차를 이행하였음에도 근로자가 휴가를 사용하지 아니하여 소멸되는 경우에는 사용자는 미사용 휴가에 대한 보상의무가 없다고 규정하고 있습니다.

여기서 '서면'이란 종이로 된 문서를 의미하고, 전자문서는 회사가 전자결재체계를 완비하여 전자문서로 모든 업무를 관리하는 경우 예외적으로 가능하다고 볼 수 있습니다(근로개선정책과-1128, 2012.02.07.).

정확한 답변은 어려우나 질의와 같이 기안, 결재, 시행 등을 진행하고 있는 전자결재시스템을 완비한 상태에서 근로자에게 도달 여부가 명확히 확인된다면 전자결재시스템을 통한 촉구 또한 통지도 가능할 것으로 사료됩니다(근로기준정책과-3801, 2017.06.20.).

2년 미만의 계약직 근로자의 연차휴가 사용 촉진 대상 여부

사례

Q 당사에는 1년 11개월, 1년 6개월 등을 정한 2년 미만의 계약직 근로자가 있습니다. 이들도 모두 연차휴가 사용 촉진 대상이 되나요?

A 사용자는 근로기준법 제61조 규정에 따라 연차 유급휴가청구권이 발생한 날부터 1년이 되는 날의 6개월 전에 연차 유급휴가 사용 촉진 조치를 해야 할 것인바, 기간제근로자의 근로계약기간이 2년 미만인 경우에도 사용자가 연차 유급휴가 사용 촉진 조치의 일환으로 연차휴가 시기지정 촉구 및 휴가 사용을 촉구해 휴가 지정일에 근로자가 연차휴가를 소진할 수 있는 경우라면 같은 법에 의한 연차 유급휴가 사용 촉진 조치가 이루어진 것으로 볼 수 있다고 사료됩니다(근로개선정책과-4885, 2014.09.02.).

연차 유급휴가 사용 촉진 시 E-mail 통보 가능 여부

사례

Q 근로기준법 제61조에 따른 연차 유급휴가의 사용 촉진 조치와 관련해서 서면으로 촉구 또는 통보의 범위에 사내전산망에 의한 E-mail이 포함되나요?

A

- 근로기준법 제61조 제1호에서는 사용자가 근로자별로 미사용 휴가 일수를 알려주어, 근로자가 미사용 휴가의 사용 시기를 정해 사용자에게 통보하지 아니한 경우에는 사용자가 미사용 휴가의 사용 시기를 정해 근로자에게 '서면'으로 통보토록 규정하고 있습니다.
  사용자로 하여금 '서면'으로 촉구 또는 통보하도록 규정한 것은 휴가 사용 촉진 조치가 명확하게 이행되도록 해 근로자의 권리보호를 보다 충실하게 하고 불명확한 조치로 인한 당사자 간 분쟁을 방지하려는 취지로 볼 수 있는 것입니다.
  '회사 내 E-mail을 활용하여 통보'하거나 '근로자별 미사용 휴가 일수를 게재한 공문을 사내 게시판에 게재'하는 것은 그러한 방법이 근로자 개인별로 '서면' 촉구 또는 통보하는 것에 비하여 명확하다고 볼 수 없는 한 인정되기 어렵다고 할 것입니다(근로기준과-3836, 2004.07.27.).

- 사내 전산망의 E-mail을 통해 통보하는 것은 개별 근로자가 메일을 미확인 하

는 등의 이유로 근로자 개인별로 '서면' 촉구 또는 통보하는 것에 비해 도달 여부의 확인 등이 불명확한 경우에는 인정되기 어렵다고 할 것입니다(근로개선정책과-6488, 2013.11.01.).

판례

여기서 '서면'이란 일정한 내용을 적은 문서를 의미하고 E-mail 등 전자문서와는 구별되지만 … <중략> … 근로자가 E-mail을 수신하는 등으로 내용을 알고 있는 이상, E-mail에 의한 해고통지도 해고사유 등을 서면 통지하도록 규정한 근로기준법 제27조의 입법 취지를 해치지 아니하는 범위 내에서 구체적 사안에 따라 서면에 의한 해고통지로서 유효하다고 보아야 할 경우가 있다(대법 2015두41401, 2015.9.10.).

☞ E-mail로 통보하고 '수신확인' 증명이 가능하면 인정해주는 관할지청도 있으나 사내 E-mail을 이미 활용하고 있는 경우라면 위와 같은 점을 유의해야 합니다.

연차촉진 시 E-mail을 통한 노무수령 거부의사 통지방법 가능 여부

사례

Q 당사는 직원 PC 책상 위에 노무수령 거부통지서를 일일이 놓기도 어렵고, 인터넷으로 노무수령 거부의사를 표시하는 것도 기술적으로 시행하기도 어려운 상황입니다. 사용자가 E-mail을 이용해서 노무수령 거부의사를 해당 근로자에게 통지하는 방법도 적법한 방법이 되나요?

A 근로기준법 제61조 제2호에 따라 연차 유급휴가의 사용 촉진 조치는 서면으로 통보하도록 규정되어 있는데, 이는 불명확한 조치로 인한 당사자 간의 분쟁을 방지하려는 취지로 볼 수 있습니다.

사용 촉진 조치 후 해당 휴가일에 근로자가 출근한 경우 노무수령 거부의사 표시 또한 근로자가 인지할 수 있는 정도여야 할 것입니다.

E-mail의 경우 해당 근로자가 같은 법 제61조 제2호의 휴가 사용 시기 통보기한(10일) 이내에 반드시 열람한다는 보장이 없고, 열람했다 하더라도 메일 내용을 정확하게 인지했는지 확인할 수 없어 근로자가 인지할 수 있는 정도의 의사표시 수준이라고 보기 어려울 것으로 사료됩니다(근로개선정책과-4271, 2012.08.22.).

공인전자서명시스템을 활용한 연차 유급휴가 사용 촉진 가능 여부

사례

Q 전자서명법에 따른 공인전자서명 서버 시스템을 활용하여 근로기준법 제61조의 절차적 요건을 갈음할 수 있나요?

A 근로기준법 제61조는 사용자가 근로자별로 미사용 휴가 일수를 알려주어, 근로자가 그 사용 시기를 정하여 사용자에게 통보하도록 '서면'으로 촉구토록 하고, 촉구를 받은 근로자가 미사용 휴가의 사용 시기를 정하여 사용자에게 통보하지 아니한 경우에는 사용자가 미사용 휴가의 사용 시기를 정하여 근로자에게 '서면'으로 통보토록 규정하고 있습니다.

휴가 사용 촉진 조치에도 불구하고 근로자가 휴가를 사용치 아니하여 휴가가 소멸되는 경우에는 그 미사용 휴가에 대한 보상을 할 의무가 없다고 규정하고 있습니다.

기존의 '종이로 된 문서' 외에 전자문서로서 연차 유급휴가 사용 촉진이 가능하기 위해서는 회사가 전자결재체계를 완비하여 전자문서로 모든 업무의 기안, 결재, 시행과정이 이루어져 근로자 개인별로 명확하게 촉구 또는 통보되는 경우 인정됩니다 (근로개선정책과-5353, 2011.12.19.; 근로기준과-1983, 2010.11.16.).

연차휴가 사용 촉진 절차에서 적법한 노무수령 거부의사방법

사례

Q 연차휴가 사용 촉진 절차를 진행하면서 출근한 일부 직원들에게 노무수령 거부의사를 명확히 구두로 밝혔음에도 불구하고 근로하여 연차수당 지급을 요구하였습니다.

1. 위와 같은 경우 해당 근로일의 연차휴가는 소멸되나요?

2. 노무수령 거부의사 입증 책임은 사용자와 근로자 중 어느 쪽인가요?

3. 노무수령 거부의사 통지서를 해당 직원의 책상 위에 올려놓거나, 해당 직원이 컴퓨터를 켜면 자동으로 노무수령 거부의사 통지가 화면에 나타나도록 한 방안은 적법한 통지방법인가요?

A 1. 근로자가 지정된 연차휴가일에 휴가를 사용하지 않고 출근하여 계속 근무한 경우 해당일의 연차 유급휴가는 어떻게 되는지에 대하여는, 사용자가 근로기준법 제61조에 따른 일련의 연차 유급휴가 사용 촉진 조치를 정상적으로 이행하였음에도 근로자가 해당 휴가일에 출근한 경우 사용자는 노무수령 거부의사를 명확히 표시해야 하며, 명확한 노무수령 거부의사에도 불구하고 근로를 제공한 경우에는 연차 유급휴가미사용수당을 지급할 의무가 없다고 사료됩니다.

2. 노무수령 거부의사가 있었음에 대한 입증 책임은 사용자와 근로자 중 어느 쪽

에 있는지에 대하여는, 근로기준법은 입증 책임에 대해 직접 규정하고 있지 않으므로 ① 업무수행 및 근태관리에 대한 지시 및 통제, ② 노무수령 거부의사 방법의 명확성, ③ 출근사유가 업무수행과 긴밀한 관련성이 있는지 등 구체적인 사실관계를 종합적으로 고려하여 명확한 노무수령 거부의사가 있었는지를 판단하여야 할 것으로 사료됩니다.

3. 연차휴가일에 해당 근로자의 책상 위에 '노무수령 거부의사 통지서'를 올려놓거나, 컴퓨터를 켜면 '노무수령 거부의사 통지' 화면이 나타나도록 할 경우, 노무수령 거부의사 통지방법으로 볼 수 있는지에 대하여는, 연차휴가일에 해당 근로자의 책상 위에 '노무수령 거부의사 통지서'를 올려놓거나, 컴퓨터를 켜면 '노무수령 거부의사 통지' 화면이 나타나도록 하여 해당 근로자가 사용자의 노무수령 거부의사를 인지할 수 있는 정도라면 달리 볼 사정이 없는 한 노무수령 거부의사를 표시한 것으로 볼 수 있다고 사료됩니다(근로기준과-351, 2010.03.22.).

노무거부권을 행사할 관리자가 없는 상황에서 연차휴가 사용 시기에 출근하는 경우

사례

Q 당사는 연차휴가 사용 촉진을 하고 있습니다. 휴가 사용 시기로 지정된 날에 출근하지 않게 부서의 장과 지점장들에게는 노무수령 거부할 것을 지시하였습니다.

최근 지점장이 퇴사하면서 연차휴가일에 출근하였으니 연차휴가미사용수당을 지급해달라고 했는데, 지점장에게 노무거부권을 행사할 관리자도 없어서 휴가 사용 촉진을 할 수 없는 상황입니다. 이 경우에도 미사용수당을 지급할 의무가 있나요?

A 노무거부권을 행사할 관리자가 없는 상황에서 지점장이 연차 유급휴가 사용 시기에 출근한 경우에 연차 유급휴가미사용수당을 지급하여야 하는지에 대한 질의라고 판단되는바, 지점장이 연차 유급휴가 사용계획서를 제출하고도 휴가 사용 시기에 출근한 경우에 연차 유급휴가미사용수당을 지급하여야 하는지 여부는

① 사용자가 지점장의 업무수행 및 근태관리에 구체적으로 지시 및 통제를 하는지 여부,

② 지시 및 통제가 가능하다면 노무수령 거부의사를 명확히 하고, 그럼에도 불구하고 근로제공을 하였는지 여부,

③ 지시 및 통제가 불가능하다면 출근사유가 업무수행과 긴밀한 관련성이 있는지 여부 등 구체적인 사실관계를 종합적으로 고려하여 판단하여야 할 것입니다(근로기준과-5562, 2009.12.23.).

연차휴가 사용 촉진과 미사용 휴가에 대한 수당 지급 여부

사례

Q 15일의 연차휴가를 사용할 수 있는 근로자가 이미 3일의 연차휴가를 사용하였고, 사용자의 연차휴가촉진 절차에 따른 서면 촉구에 대하여 나머지 12일의 연차휴가 중에서 5일에 대해서만 휴가 사용 시기를 정하여 사용자에게 통보한 후 그에 따라 5일의 휴가를 사용하였습니다.

이 경우 사용자에게 통보하지 않은 7일의 휴가에 대해 미사용수당을 지급해야 하나요? 그리고 휴가 사용 시기를 정해서 사용자에게 통보하지 않은 7일에 대해 사용자가 휴가 사용 시기를 정해서 근로자에게 서면 통보할 수 있나요?

A

- 근로자가 휴가 사용 촉구를 받은 때부터 사용하지 아니한 휴가의 일부의 사용 시기만을 사용자에게 통보하였을 경우, 근로기준법 제61조 제2호에 따라 근로자의 휴가청구권이 끝나기 2개월 전까지 사용자는 사용하지 아니한 나머지 휴가의 사용 시기를 정하여 근로자에게 서면으로 통보하여야 하므로, 사용자가 동 절차를 준수하지 아니하였다면 미사용 휴가에 대한 보상의무가 면제되지 않는다고 사료됩니다(근로조건지도과-44, 2009.01.05.).

- 근로기준법 제61조에 따라 사용자는 근로자가 1차 촉진(사용 시기 지정 촉구)을 받은 날로부터 10일 이내에 사용 시기를 정하여 통보하지 않은 경우에는 2차

촉진(사용자가 사용 시기를 지정하여 근로자에게 통보)을 해야 미사용 연차휴가에 대한 보상의무가 면제됩니다.

사용자의 1차 촉진(사용 시기 지정 촉구)에 따라 근로자가 남은 연차휴가 중 일부에 대하여만 사용 시기를 정하여 사용자에게 통보하였다면, 나머지 연차휴가에 대하여는 사용 시기를 정하여 통보하지 않은 것이 됩니다. 따라서 근로자가 사용 시기를 정하지 않은 나머지 연차휴가에 대하여 2차 촉진(사용자가 사용 시기를 지정하여 근로자에게 통보)을 해야 이에 대한 금전보상의무가 면제되는 것입니다(고용노동부 개정 근로기준법 설명자료 참고, 2020.03.30.).

판례

■ … 〈중략〉 … 사용자가 연차휴가 21일을 사용하지 아니한 근로자에게 휴가의 사용 시기를 정하여 통보할 것으로 촉구하였으나, 근로자는 그중 11일에 대하여만 사용 시기를 정하여 통보하였을 뿐 나머지 10일에 대하여는 사용 시기를 정하여 통보하지 않았는데, 사용자는 위 10일에 대하여 휴가 사용 가능기간이 끝나기 2개월 전까지 휴가의 사용 시기를 정하여 근로자에게 서면으로 통보하지 않았고, 나머지 근로자가 지정된 휴가일에도 정상적으로 출근하여 근로를 제공하였는데, 사용자가 별다른 이의 없이 근로자의 노무제공을 수령한 사안에서, 사용자는 위 10일에 대하여는 구舊 근로기준법 제61조에서 정한 조치를 제대로 이행하였다고 볼 수 없고, 근로자가 지정된 휴가일에 휴가를 사용하지 않은 것이 자발적 의사에 따른 것이었다고 볼 수 없어 사용자의 미사용 연차휴가에 대한 보상의무가 면제되지 않았다. … 〈중략〉 … (대법 2019다27983, 2020.02.27.)

☞ 따라서 통보하지 않은 7일에 대해 미사용수당을 지급해야 하며, 그렇지 않으려면 사용 시기를 지정하여 통보하여야 합니다.

비례 부여연차 연차촉진제 대상 여부

사례

Q 근로기간에 비례하여 부여하는 연차도 1년 미만에 해당하여 연차촉진 대상에 포함되지 않는다고 들었습니다(고용노동부 상담센터, 2019.07.23.).

예를 들어 2020년 3월 31일자로 근로기준법이 개정 시행되어 위의 행정해석내로 2019년 10월 1일자로 입사한 경우 2020년 1월 1일자로 비례 부여한 연차일수에 대해서도 연차사용 촉진이 가능한가요?

A

■ 개정법 시행 전 연차휴가 사용 촉진제도는 근로기준법 제60조 제1항(1년 80% 이상 출근 시 15일), 제4항(가산휴가)에 한해 적용되었으므로,
그간 이에 대한 행정해석은 계속 근로 1년 미만 근로자와 1년간 80% 미만 출근자에 대해 주어지는 연차 유급휴가(근로기준정책과-3084, 2015.7.13.), 회계연도를 기준으로 연차 유급휴가를 부여하는 경우에 1년 미만의 기간에 대해 비례적으로 주어지는 연차 유급휴가, 연차 유급휴가 발생 전에 미리 주어지는 연차 유급휴가(임금근로시간정책팀-511, 2005.11.22.), 미사용 휴가에 대해 수당지급 대신 다음 연도로 이월하여 사용토록 한 연차 유급휴가 등은 사용 촉진 대상이 아니라고 보며, 회계연도 기준으로 연차 유급휴가를 부여하는 경우 입사 2년차 1월 1일에 부여되는 휴가는 계속 근로기간 1년 미만인 기간에 대하여 발생하는 휴가의 성질도 있으므로 연차휴가 사용 촉진제도가 허용되지 않는다고

판단하였습니다.

상기 이전 행정해석에 따라 회계연도 기준으로 연차 유급휴가를 부여하는 경우 입사 2년차 1월 1일에 비례 부여되는 휴가는 계속 근로기간 1년 미만인 기간에 대하여 발생하는 휴가의 성격이 있으므로 이에 대한 연차휴가 사용 촉진제도가 허용되지 않는다고 판단하였으나, 2020년 3월 31일자 개정법 시행으로 인하여 계속 근로기간 1년 미만인 기간에 대하여 개정법 시행일 이후 발생하는 휴가의 경우도 연차휴가 사용 촉진제도가 허용되므로 회계연도로 비례 부여되는 연차휴가에 대해서도 연차휴가 사용 촉진제도 허용 대상의 여지가 있을 것으로 추정됩니다(고용노동부 고객상담센터 인터넷상담과-2AA-2003-0547387, 2020.04.02.).

■ 회계연도 기준으로 연차휴가를 부여하는 경우, 연도 중 입사자에게 2년차에 부여하는 연차휴가는 1년 이상 근로자의 연차(15일)를 1년차의 근속기간(입사일~12.31.)에 비례하여 부여한 것으로, 근로기준법 제60조 제1항에 따라 발생하는 1년 이상 근로자의 연차에 해당하므로, 같은 법 제61조 제1항에 따른 연차사용 촉진이 가능합니다(고용노동부 근로개선지도1과, 2020.04.14. 연차사용 촉진제도 관련 주요 Q&A 참조).

연차휴가촉진 시 2차 촉진 시행방법

사례

Q 근속 1년 이상인 경우 올해 7월부터 연차사용계획서를 수령하였습니다.

2차 연차촉진을 시행하려고 하는데, 1차 촉진 시 제출하지 않은 직원들에게 회사가 임의로 날짜를 지정해서 통지하면 되나요? 그리고 1차와 동일하게 사용계획서를 받는 건지 아니면 회사가 임의로 사용통지서를 보내는 건가요?

A 10월 31일까지 회사가 임의로 지정해서 근로자에게 통보하면 되는 것입니다.

파견근로자의 연차휴가 사용 촉진 절차 및 사용자 주체

사례

Q 파견근로자에 대한 연차휴가 사용 촉진을 적법하게 수행하기 위해서 근로기준법 제61조(연차 유급휴가의 사용 촉진)의 적용 시 사용자를 파견사업주, 사용사업주 중 누구로 보아야 하나요?

A 파견법 제34조(근로기준법의 적용에 관한 특례 규정)에서 연차휴가와 관련하여, 근로기준법 제60조(사용자의 연차 유급휴가 지급의무에 관한 규정)에 대해서는 파견사업주를, 근로기준법 제62조(유급휴가의 대체에 관한 규정)에 대해서는 사용사업주를 사용자로 본다고 명시되어 있으나, 근로기준법 제61조(연차 유급휴가의 사용 촉진 규정)에 대해서는 누구를 사용자로 볼 것인지 명시되어 있지 않고, 과거에도 명시된 적이 없었습니다.

※ 연차 유급휴가의 사용 촉진 규정은 2003년 9월 15일에 근로기준법 제59조의2로 신설되었다가, 2007년 4월 11일 근로기준법 전부 개정 시 제61조로 개정되어 현재에 이르고 있습니다. 그런데 파견법 제34조는 1998년 제정 당시부터 2007년 4월 11일 파견법 개정 전까지는 근로기준법 제59조의2를, 2007년 4월 11일 개정 후 현재까지는 근로기준법 제61조를 명시하지 않았으므로, 결국 파견법은 연차 유급휴가 사용 촉진 규정에 대해서는 누구를 사용자로 볼 것인지 명시한 적이 없습니다.

근로기준법 제61조는 사용자가 연차 유급휴가의 사용을 촉진하기 위한 조치를 취했음에도 근로자가 휴가를 사용하지 않은 경우 미사용 연차 유급휴가에 대한 보상의무를 면제하도록 규정하고 있는바, 이는 연차 유급휴가 부여의무 및 미사용 연차 유급휴가에 대한 보상의무를 누가 부담하고 있는지와 밀접한 관련이 있다 할 것인데, 근로기준법 제60조 연차 유급휴가 부여의무 규정에 대해서는 파견사업주를 사용자로 보고 있으므로, 같은 법 제61조 연차 유급휴가의 사용 촉진 규정에 대해서도 파견사업주를 사용자로 보아야 할 것으로 사료됩니다.

다만 실제로 파견근로자가 연차 유급휴가를 사용함에 있어 파견근로자를 실제로 사용하는 사용사업주의 협조가 반드시 필요하다 할 것이므로, 파견근로자의 연차 유급휴가 사용과 관련해서 파견사업주는 사용사업주에게 적극적으로 협조를 요청하고, 사용사업주는 사업운영에 막대한 지장이 있는 등의 특별한 사정이 없는 한 협조에 응하여야 할 것입니다.

특히 파견법 제20조는 파견사업주와 사용사업주가 근로자파견계약을 체결할 때 서면계약서에 휴가에 관한 사항도 포함시켜야 하도록 규정하고 있으므로, 파견사업주와 사용사업주는 근로자파견계약 체결 시에 파견근로자의 연차 유급휴가 사용에 관한 절차 및 상호 준수해야 하는 사항 등을 구체적으로 정하는 것도 도움이 될 것으로 사료됩니다(고용차별개선과-1998, 2017.08.21.).

입사일자로 관리하는 사업장의 연차촉진시기

사례

Q 회계연도 사업장의 경우 연차촉진시기는 7월 1일부터이지만 입사일 기준으로 연차를 관리하는 경우 직원마다 연차사용 만료일이 전부 다릅니다.

이런 경우 연차촉진통보를 언제 해야 하나요?

A 근로기준법 제60조 제7항은 '제1항·제2항 및 제4항에 따른 휴가는 1년간(계속 근로기간이 1년 미만인 근로자의 제2항에 따른 유급휴가는 최초 1년의 근로가 끝날 때까지의 기간) 행사하지 않으면 소멸된다. 다만, 사용자의 귀책사유로 사용하지 못한 경우에는 그러하지 아니하다.' 라고 규정하고 있으며, 본문에 따른 기간이 끝나기 6개월 전을 기준으로 10일 이내에 사용자가 근로자별로 사용하지 않은 휴가 일수를 알리고, 근로자가 사용 시기를 정하여 사용자에게 통보하도록 서면으로 촉구해야 합니다.

연차 유급휴가 사용 촉진은 위 법령의 요건을 모두 갖추어야 유효하며, 입사일자로 연차 유급휴가를 부여하는 사업장이라면 각 근로자별 입사일자 기준으로 연차휴가청구권이 소멸하기 6개월 전을 기준으로 10일 이내에 사용자가 근로자별로 사용하지 아니한 휴가 일수를 알려주고 서면 촉구하고, 연차휴가청구권이 소멸하기 2개월 전까지 사용자가 사용하지 아니한 휴가의 사용 시기를 정하여 근로자에게 서면 통보하는 등으로 시행해야 할 것입니다(입사일자가 다르다면 각 사용 촉진 관련 일자도 달라짐). (고용노동부 고객상담센터 인터넷상담과-2AA-2002-0434834, 2020.02.24.)

연차사용 촉진이 의무사항인지 여부

사례

Q 연차 유급휴가 사용 촉진제도는 반드시 해야 하는 의무사항인가요? 만약 사용 촉진을 하지 않았을 경우 어떤 법적인 문제가 발생하나요?

A 연차휴가 사용 촉진 조치는 근로자의 휴식권을 보장하기 위한 제도로 반드시 해야 하는 의무사항은 아닙니다. 다만, 근로기준법 제61조(연차 유급휴가의 사용 촉진)에도 불구하고 근로자가 연차휴가를 사용하지 않은 경우 그 미사용 연차휴가에 대한 금전보상의무가 면제됩니다. 따라서 연차휴가 사용 촉진제도는 사업주가 사업장의 상황에 따라 자율적으로 판단 및 결정할 사항입니다.

행정해석

연차 유급휴가 사용 촉진제도는 개정 근로기준법(법률 제6974호, 2003.9.15.)에 따라 도입된 것으로, 사용자가 휴가 사용을 촉진하기 위하여 법에서 규정된 조치를 다하였음에도 근로자가 휴가를 사용하지 아니한 경우 미사용 휴가에 대한 수당지급의무를 면제하는 것으로, 사용자가 반드시 동 제도를 실시해야 할 의무가 있는 것은 아니므로 … 〈중략〉 … (임금근로시간정책팀-2239, 2007.06.28.).

연차 유급휴가 사용계획서 요구가 근로자의 기본권 침해 여부

사례

Q 연차 유급휴가를 사용함에 있어 사업장 여건에 따라 사용기간을 정하거나 사용계획서를 요구하는 것은 근로자의 연차 유급휴가 사용에 대한 근로자의 기본권을 침해하는 것이 아닌가요?

A 연차 유급휴가는 원칙적으로 근로자가 청구한 시기에 사용할 수 있도록 해야 하나 사업운영에 막대한 지장이 있는 경우에 한해 사용자가 그 시기를 변경할 수 있고, 사용자가 근로자에게 연차휴가 사용계획을 받아 휴가 사용을 적극 권고하는 것은 휴가제도 본래 취지를 살리는 것으로 근로자의 기본권을 침해하는 것으로 보기 어렵다고 사료됩니다(근로조건지도과-3559, 2008.09.03.).

특정기간에 연차휴가를 의무 사용하도록 하는 경우 적법 여부

사례

Q 보직도 없고 직무도 없어서 근로제공을 할 수 없는 재택대기기간에 연·월차휴가를 의무적으로 사용하게 하는 회사의 규정이 법 위반이 아닌가요?

A 사용자는 근로기준법 제60조에 규정된 연차 유급휴가를 근로자가 청구한 시기에 주어야 하며, 근로자가 청구한 시기에 휴가를 주는 것이 사업운영에 막대한 지장이 있는 경우, 그 시기를 변경할 수는 있는 것입니다.

따라서 회사의 규정으로 재택대기발령기간에 의무적으로 연차 유급휴가를 소진토록 하거나 소진한 것으로 간주하더라도 이는 효력이 없다고 사료됩니다.

근로자가 연차 유급휴가를 사용치 아니하고 근로를 제공한 경우 미사용 휴가일수에 대하여는 연차휴가근로수당을 지급하여야 할 것입니다(근로기준과-1347, 2004.03.18.).

법에서 정한 연차촉진기간 이전 시행의 적법성 여부

사례

Q 연차휴가 사용 촉진을 법에서 정한 기간보다 이전에 시행해도 되나요?

예를 들어 근속 1년 이상인 경우 7월부터는 연차촉진이 너무 늦는 것 같아서 연초부터 연차촉진을 하려는데 문제가 없나요?

A 근로기준법 제61조에 의한 연차휴가 사용 촉진 조치는 연차 유급휴가청구권이 소멸하기 6개월 전에만 가능하며 법에 명시된 기간 훨씬 이전에 촉진 조치를 하는 것은 효력이 없습니다. 따라서 법에 명시된 기간보다 훨씬 이전에 연차휴가 사용 촉진 조치를 하였다면 효력을 인정받을 수 없어 추후 연차휴가미사용수당을 지급해야 합니다(고용노동부 고객상담센터 인터넷상담과, 2019.06.10.).

3월말 회계연도 사업장의 연차촉진시기

사례

Q 일반적으로 12월말이 회계연도 종료일이지만 당사의 경우 외자회사라서 3월말이 회계연도 종료일입니다. 당사는 근로기준법 제61조에 따른 연차사용 촉진을 해야 하는데, 같은 법 제61조에서 말하는 6개월 전은 국내 모든 회사들은 7월 1일부터 시행하는 것인가요? 아니면 각각 사업장의 회계연도 종료일에 맞춰서 6개월 전을 기준으로 시행하면 되는 것인가요?(근속 1년 이상인 경우)

A 법령에서 연차휴가청구권이 소멸하기 6개월 전은 모든 사업장에 7월로 규정한 것이 아니므로, 각 사업장별 연차 유급휴가 부여기준에 따라 연차휴가청구권이 소멸하기 6개월 전을 산정하여야 할 것입니다.

12월 31일자로 연차가 소멸되는 사업장의 경우, 휴가 사용기간 만료 6개월 전이 7월 1일이 될 것이나, 3월 31일자로 연차가 소멸되는 사업장의 경우에는 휴가 사용기간 만료 6개월 전은 10월 1일이 될 것으로 사료됩니다(고용노동부 고객상담센터 인터넷상담과-2AA-2002-0437500, 2020.02.24.).

연차촉진 절차상의 재통보 및 사용계획서 수정 가능 여부

사례

Q 올해부터 연차사용 촉진을 하려고 합니다. 근속 1년 이상인 경우 7월 1일 ~ 7월 20일까지 개인별 연차사용계획서를 전부 취합하고 나면

1. 2개월 전인 10월 31일까지 개인별로 연차가 10일 이상 남아 있는 경우 9월에 다시 통보해도 문제가 없나요?

2. 회사에서 강제 지정해서 통보했는데도 불구하고, 본인이 원하는 날짜로 변경해달라고 요청이 들어오면 해줘도 되나요?

3. 본인 요청에 의해 처음에 제출한 연차사용계획서 일정을 변경할 경우 다시 사용계획서를 수정 제출받아야 하나요?

A 1. 근로기준법 제61조(연차 유급휴가의 사용 촉진)에서는 사용자가 제60조 제1항 및 제4항에 따른 유급휴가의 사용을 촉진하기 위하여 다음 각 호의 조치를 하였음에도 불구하고 근로자가 휴가를 사용하지 아니하여 같은 법 제60조 제7항 본문에 따라 소멸된 경우에는 사용자는 그 사용하지 아니한 휴가에 대하여 보상할 의무가 없고, 같은 법 제60조 제7항 단서에 따른 사용자의 귀책사유에 해당하지 아니하는 것으로 본다고 규정하고 있습니다.

1. 제60조 제7항 본문에 따른 기간이 끝나기 6개월 전을 기준으로 10일 이내에 사용자가 근로

자별로 사용하지 아니한 휴가 일수를 알려주고, 근로자가 그 사용 시기를 정하여 사용자에게 통보하도록 서면으로 촉구할 것

2. 제1호에 따른 촉구에도 불구하고 근로자가 촉구를 받은 때부터 10일 이내에 사용하지 아니한 휴가의 전부 또는 일부의 사용 시기를 정하여 사용자에게 통보하지 아니하면 제60조 제7항 본문에 따른 기간이 끝나기 2개월 전까지 사용자가 사용하지 아니한 휴가의 사용 시기를 정하여 근로자에게 서면으로 통보할 것

2. 위 법령에서는 연차휴가청구권이 소멸하기 6개월 전을 기준으로 10일 이내에 사용자가 근로자별로 사용하지 아니한 휴가 일수를 알려주고 서면 촉구하고, 연차휴가청구권이 소멸하기 2개월 전까지 사용자가 사용하지 아니한 휴가의 사용 시기를 정하여 근로자에게 서면으로 통보하여야 한다고 규정하고 있으며, 이에 추가된 절차는 귀사의 취업규칙 등에 따라 실시할 수 있을 것입니다.

3. 사용계획서상의 휴가일 또는 사용자가 지정한 휴가일에 사용이 어려운 경우, 당사자 간 동의하에 사용일을 변경하는 것도 가능할 것이나, 사용 촉진 조치 이행에 대한 다툼을 예방하기 위하여는 실제 사용 내역이 상이하거나 사용하지 않은 근로자의 경우 사용자는 같은 법 제61조 제2호에 따른 사용 시기 지정 및 통보를 함이 바람직할 것입니다(고용노동부 고객상담센터 인터넷상담과-2AA-2002-0437457, 2020.02.24.).

연차휴가 사용 촉진 조치자가 근무할 경우 금전보상의무 여부

사례

Q 연차 유급휴가 사용 촉진 조치를 하였음에도 근로자가 지정된 휴가일에 출근하여 근로를 제공한 경우, 사용자가 별다른 이의 없이 근로자의 노무제공을 수령하였다면 미사용 연차휴가에 대한 보상의무가 있나요?

A 1. 구舊 근로기준법 제61조에서 정한 '연차휴가 사용 촉진 제도'를 도입한 경우 사용자는 연차휴가를 사용할 수 있게 된 날부터 1년의 기간이 끝나기 6개월 전을 기준으로 10일 이내에 근로자별로 사용하지 아니한 휴가 일수를 알려주고, 근로자가 그 사용 시기를 정하여 사용자에게 통보하도록 서면으로 촉구하여야 합니다(같은 조 제1호).

이러한 촉구에도 불구하고 근로자가 촉구를 받은 때부터 10일 이내에 사용하지 아니한 휴가의 사용 시기를 정하여 사용자에게 통보하지 아니하면 사용자는 휴가 사용 가능 기간이 끝나기 2개월 전까지 그 근로자가 사용하지 아니한 휴가의 사용 시기를 정하여 근로자에게 서면으로 통보하여야 합니다. 근로자가 촉구를 받은 때부터 10일 이내에 사용하지 아니한 휴가 중 일부의 사용 시기만을 정하여 사용자에게 통보한 경우에는 사용자는 휴가 사용 가능 기간이 끝나기 2개월 전까지 나머지 휴가의 사용 시기를 정하여 근로자에게 서면으로 통보하여야 합니다(같은 조 제2호).

2. 사용자가 위와 같은 조치를 하였음에도 근로자가 휴가를 사용하지 아니하여 연차휴가가 소멸된 경우에는 사용자는 그 사용하지 아니한 휴가에 대하여 보상할 의무가 없습니다[구舊 근로기준법 제61조]. 다만, 위와 같은 휴가 미사용은 근로자의 자발적인 의사에 따른 것이어야 합니다. 근로자가 지정된 휴가일에 출근하여 근로를 제공한 경우 사용자가 휴가일에 근로한다는 사정을 인식하고도 노무의 수령을 거부한다는 의사를 명확하게 표시하지 아니하거나 근로자에 대하여 업무 지시를 하였다면 특별한 사정이 없는 한 근로자가 자발적인 의사에 따라 휴가를 사용하지 않은 것으로 볼 수 없어 사용자는 근로자가 이러한 근로의 제공으로 인해 사용하지 아니한 휴가에 대하여 여전히 보상할 의무를 부담합니다.

3. 대법원은 사용자가 연차휴가 21일을 사용하지 아니한 근로자에게 휴가의 사용 시기를 정하여 통보할 것을 촉구하였으나, 근로자는 그중 11일에 대하여만 사용 시기를 정하여 통보하였을 뿐 나머지 10일에 대하여는 사용 시기를 정하여 통보하지 않았는데, 사용자는 위 10일에 대하여 휴가 사용 가능 기간이 끝나기 2개월 전까지 휴가의 사용 시기를 정하여 근로자에게 서면으로 통보하지 않았고, 나아가 근로자가 지정된 휴가일에도 정상적으로 출근하여 근로를 제공하였는데, 사용자가 별다른 이의 없이 근로자의 노무제공을 수령한 사안에서, 사용자는 위 10일에 대하여는 구舊 근로기준법 제61조에서 정한 조치를 제대로 이행하였다고 볼 수 없고, 근로자가 지정된 휴가일에 휴가를 사용하지 않은 것이 자발적 의사에 따른 것이었다고도 볼 수 없어 사용자의 미사용 연차휴가에 대한 보상의무가 면제되지 않는다고 본 사례가 있음을 안내드립니다(참조 : 대법 2019다279283, 2020.02.27.)(고용노동부 고객상담센터 인터넷상담과, 2020.04.01.).

단체협약이 취업규칙 휴가 사용 촉진 조치보다 우선하는지 여부

사례

Q 단체협약 내용 중에 사용자는 업무 특성상 조합원이 원치 않는 유급휴가를 강요할 수 없다는 조항이 있습니다. 연차휴가 사용을 원치 않는 근로자에 대하여 사용자가 휴가 사용 촉진 조치 차원에서 휴가 사용 시기를 지정하여 사용하도록 조치할 수 있나요?

A 다음의 행정해석과 판례를 참고하면 됩니다.

행정해석 및 판례

- 노사가 단체협약으로 연차 유급휴가 사용강요금지와 미사용 연차 유급휴가에 대한 수당지급을 규정한 경우라면 사용자는 법상의 유급휴가 사용 촉진 조치를 할 수는 있으나, 미사용 휴가 일수에 대하여는 수당을 지급하여야 합니다(근기 68207-1408, 2003.10.30.).

  법상의 연차 유급휴가 사용 촉진 조치는 사용자가 의무적으로 실시하여야 할 강행규정이 아니므로 노사 간에 단체협약으로 유급휴가 사용 촉진 조치를 하지 않기로 하는 내용을 정하더라도 이를 법 위반(노동조합 및 노동관계조정법 제92조 제1호 나목)으로 볼 수 없으므로 단체협약의 시정 대상이 된다고 할 수는 없을 것입니다.

  또한, 노사는 이러한 내용으로 단체협약이 체결된 이상 이를 성실히 이행하여야 하고, 사용자가 단체협약의 규정과 달리 법상의 연차 유급휴가 사용 촉진 조치를 취할 수는 있으나,

미사용 휴가에 대하여는 수당을 지급함이 상당하다고 사료됩니다(임금근로시간정책팀-2239, 2007.06.28.).

- 단체협약으로 사용자의 일방적인 휴가 사용 촉진 조치를 금지하거나 노사 간의 합의 또는 협의를 전제로 하는 규정 등이 있는 경우에는 그에 따라야 할 것이지만 그러한 규정 등이 없는 경우에는 사용자는 근로기준법 제61조에 따라 임의로 휴가 사용 촉진 조치를 할 수 있다고 사료됩니다(근로기준과-5454, 2004.10.12.).
- 근로기준법이 규정한 연차휴가 사용촉진제도가 오로지 근로자에게만 유리한 제도라고 단정할 수 없으며, 이 사건 단체협약을 체결하는 과정에서 이 사건 지회의 거부로 연차휴가 사용촉진제도를 도입하지 못한 사실 등을 인정할 수 있으므로, 연차휴가 사용촉진제도를 반영하지 아니한 이 사건 단체협약이 근로기준법상의 기준에 미치지 못하는 근로조건을 정한 것이어서 무효라거나 근로기준법의 시행으로 연차휴가 사용촉진제도가 당연히 적용된다고 해석하기는 어렵다(대법 2012다71138, 2015.10.29.).

☞ 연차촉진제도를 원활히 운영하기 위해서는 취업규칙 또는 단체협약에 연차사용 촉진제도 실시 여부를 명확히 규정하는 것이 필요합니다.

연차사용촉진제도 신설이 취업규칙 불이익 변경에 해당하는지 여부

사례

Q 취업규칙에 연차사용촉진제도를 새롭게 규정하는 것이 취업규칙 불이익 변경에 해당하나요?

A 행정해석은 단체협약 등으로 연차사용 촉진을 금지하는 등의 연차휴가 사용 촉진과 관련된 제한 규정이 없는 경우에는 사용자는 취업규칙 등에 별도로 정한 바가 없더라도 근로기준법 제 61조에 따라 연차사용 촉진이 가능하므로(근로기준과-5454, 2004.10.12. 등),

취업규칙에 연차사용촉진제도를 새롭게 규정하는 것은 법에 따른 내용을 반영하기 위한 것으로, 달리 판단할 사항이 없는 한 취업규칙 불이익 변경으로 보기는 어려습니다(고용노동부 근로개선지도1과, 2020.04.14. 연차사용 촉진제도 관련 주요 Q&A 참조).

06

연차휴가 가산일

퇴직금 수령을 위해 재입사한 경우 연차휴가 산정을 위한 계속 근로 연수 기산점

사례

Q 직원이 개인 사정으로 회사측에 가퇴직을 신청하여 퇴직금을 수령하였고, 가퇴직 후 계속 근무를 하여 서류상으로만 한 달간 공백을 두고 재입사한 형식으로 입사서류를 작성하였습니다. 가퇴직자의 연차휴가 일수 산정시점은 언제부터인가요?

A

■ 근로자의 진의에 의한 하자 없는 퇴직의 의사표시에 의한 것이었다면 퇴직의 효과가 발생한 것으로 볼 수 있으며, 이때 근로자의 진의라 함은 퇴직금 수령을 위해 퇴직의 효과를 발생시키고자 하는 의사로 보아야 하고, 재입사를 하지 않겠다는 의사까지 있어야 하는 것은 아니라고 사료됩니다. 따라서 당사자 간 달리 정한 바가 없다면 연차 유급휴가 산정을 위한 계속 근로 연수는 재입사일부터 기산됩니다(근기 68207-1565, 2002.04.16.).

■ 일반적으로 계약기간 만료 통보, 자의에 의한 퇴직원 제출, 퇴직금 및 4대보험 정산 등을 거쳐 유효하게 근로관계가 단절된 후 공개채용 등 신규입사 절차를 거쳐 새로운 기간제 근로계약을 체결하고 근무하는 형태라면 각각 별도의 근로계약에 의한 근무기간으로 보고 있으므로(차별개선과-497, 2008.05.06.; 고용차별개선정책과-682, 2009.07.14. 참조) 연차 유급휴가는 같은 법 제60조 제2항에 따라 부여하여야 할 것으로 사료되나, 퇴직금 중간정산을 위해서 사직서를 제출

하는 것이 관행에 따라 이루어진 것으로 사무처리 과정상 형식에 불과한 것이거나 기간의 단절이 있는 근로계약이 수년간 반복되어 계약을 계속 체결하는 것이 관행화되어 있고, 노사 당사자가 모두 그렇게 기대하면서 사실관계에 있어서도 특정기간이 도래하면 재계약을 체결한 후 동일한 근로를 제공하고 사용자는 그 대상으로서 임금을 지급하는 형태의 근로관계가 반복되었다면, 이 경우는 반복적으로 근로계약 전 기간을 계속 근로로 보아 이에 따라 연차 유급휴가를 부여하여야 할 것입니다(근로기준과-535, 2011.02.07.).

■ 근무자가 퇴직금 중간정산을 받고 계속 근무 시 연차 유급휴가 산정을 위한 계속 근로 연수를 중간정산 시점 이후부터 다시 기산해야 하는지에 관해서는, 퇴직금 중간정산이 사용자와 근로자 간 근로계약관계의 종료를 의미하는 것이 아니므로 퇴직금을 제외한 계속 근로 연수와 관련 있는 여타 근로조건(연차 유급휴가 등)에는 변동이 없습니다(근기 68207-3892, 2001.11.12.).

상시근로자 5인 미만과 이상의 기간이 혼재되는 경우의 연차휴가 산정기산일

사례

Q 입사 당시 상시근로자가 4인 이하였으나 근무 중에 5인 이상이 된 경우 연차 유급휴가 적용시점은?

A 근로기준법 제11조에 따라 같은 법 제60조의 연차 유급휴가는 사업장의 상시근로자 수가 5인 이상인 경우에 적용되며, 같은 법 제60조 제1항은 사용자는 1년간 80% 이상 출근한 근로자에게 15일의 유급휴가를 주도록 하고 있습니다.

따라서 상시근로자 5인 미만과 이상의 기간이 혼재되는 경우의 연차 유급휴가 산정을 위한 기산일은 같은 법 시행령 제7조의2에 따라 산정한 결과, 상시근로자 5인 이상이 된 때부터 제60조가 적용되는 시점으로 보아야 할 것입니다(근로기준정책과-7714, 2016.12.01.).

연차휴가 사용 촉진 대상일수

사례

Q 2019년 12월 1일 입사자의 경우 2020년 1월 1일에 전년도 근속기간에 비례하여 부여한 1.3일과 2020년 1월 1일 ~ 2020년 11월 30일에 11일의 연차가 발생한다고 할 때 2020년 휴가 사용 촉진 조치 대상은 며칠인가요?(단, 회계연도 단위로 연차 부여하며 100% 출근함)

A

- 개정 근로기준법 제61조 제2항에 따라 시행일 이후 계속 근로기간이 1년 미만인 기간 동안 월 단위로 발생한 연차휴가(최대 11일)에 대한 사용 촉진이 가능하므로, 귀 질의내용과 같이 계속 근로기간이 1년 미만인 기간 동안 월 단위로 발생한 연차휴가 중 시행일(2020.3.31.) 이후 발생한 연차휴가에 대해서 연차사용 촉진이 가능할 것으로 사료됩니다.

  따라서 2019년 12월 1일 입사한 근로자의 경우 2020년 1월 1일, 2020년 2월 1일, 2020년 3월 1일자로 발생한 연차휴가에 대해서는 개정 전 법령을 적용받으므로 사용 촉진이 불가할 것으로 사료되고, 2020년 4월 1일 이후부터 각 월별 발생한 연차휴가에 대해서는 개정법을 적용받으므로 사용 촉진이 가능할 것으로 사료됩니다.

- 다만, 회계연도로 비례 부여한 연차휴가의 경우, 개정법 시행 전 연차휴가 사

용 촉진제도는 같은 법 제60조 제1항(1년 80% 이상 출근 시 15일), 제4항(가산휴가)에 한해 적용되었으므로, 그간 이에 대한 행정해석은 계속 근로 1년 미만 근로자와 1년간 80% 미만 출근자에 대해 주어지는 연차 유급휴가(근로기준정책과-3084, 2015.7.13), 회계연도를 기준으로 연차 유급휴가를 부여하는 경우에 1년 미만의 기간에 대해 비례적으로 주어지는 연차 유급휴가, 연차 유급휴가 발생 전에 미리 주어지는 연차 유급휴가(임금근로시간정책팀-511, 2005.11.22.), 미사용 휴가에 대해 수당지급 대신 다음 연도로 이월하여 사용토록 한 연차 유급휴가 등은 사용 촉진 대상이 아니라고 보며, 회계연도 기준으로 연차 유급휴가를 부여하는 경우 입사 2년차 1월 1일에 부여되는 휴가는 계속 근로기간 1년 미만인 기간에 대하여 발생하는 휴가의 성질도 있으므로 연차휴가 사용 촉진제도가 허용되지 않는다고 판단하였습니다.

■ 상기 이전 행정해석에 따라 회계연도 기준으로 연차 유급휴가를 부여하는 경우 입사 2년차 1월 1일에 비례 부여되는 휴가는 계속 근로기간 1년 미만인 기간에 대하여 발생하는 휴가의 성격이 있으므로 이에 대한 연차휴가 사용 촉진제도가 허용되지 않는다고 판단하였으나, 2020년 3월 31일자 개정법 시행으로 인하여 계속 근로기간 1년 미만인 기간에 대하여 개정법 시행일 이후 발생하는 휴가의 경우도 연차휴가 사용 촉진제도가 허용되므로 회계연도로 비례 부여되는 연차휴가에 대해서도 연차휴가 사용 촉진제도 허용 대상의 여지가 있을 것으로 추정됩니다(고용노동부 고객상담센터 인터넷상담과-2AA-2003-0547608, 2020.04.02.).

일부 근로자 집단을 대상으로 하는 휴가 사용 촉진 조치의 적법성 여부

사례

Q 당사 근로자의 근무형태는 교대근무자와 비교대근무자로 나뉘고 있습니다. 교대근무자들은 업무 특성상 휴가 사용 촉진을 적용하지 아니하고, 비교대근무자에게만 휴가 사용 촉진 조치를 하고 연차수당을 지급하지 않으려고 합니다. 이렇게 하는 것이 근로기준법 제5조(균등처우) 규정에 위반되나요?

A 근로기준법 제61조에 규정된 휴가 사용 촉진 조치는 동일한 사업 또는 사업장 내의 모든 근로자를 대상으로 실시함이 바람직하나 직종 또는 근로형태 등을 감안하여 특정집단의 근로자에 대해서는 휴가 사용 촉진 조치의 적용을 제외할 수 있다고 사료됩니다.

한편, 근로기준법 제5조(균등처우)는 남녀의 성별, 국적, 신앙 또는 사회적 신분을 이유로 한 차별을 금지하고 있는바, 위 질의의 경우는 동조 위반으로 보기는 어렵다고 사료됩니다(근로기준과-407, 2004.01.26.).

다만, 정규직 근로자들은 제외하고 비정규직 근로자들만 대상으로 할 경우 비정규직 차별문제가 제기될 수 있습니다.

월 중도입사 시 월 만근기준은 입사일 또는 월의 초일 여부

사례

Q 월 중도에 입사자가 있으면 월 만근에 따른 연차휴가 부여기준이 입사일인가요? 아니면 월의 1일(초일)인가요?

A 근로기준법 제60조 제2항에는 '사용자는 계속하여 근로한 기간이 1년 미만인 근로자 또는 1년간 80% 미만 출근한 근로자에게 1개월 개근 시 1일의 유급휴가를 주어야 한다.'라고 나와 있으므로 만근기준은 입사일로 보는 것이 타당합니다(고용노동부 고객상담센터 인터넷상담과, 2019.06.27.).

07

가산휴가

회계 단위 연차 부여 사업장의 가산휴가 부여시점

사례

Q 회계 단위로 연차를 부여하는 사업장에서 2004년 06월 10일 입사자의 경우 계속 근로 연수 3년을 초과하는 시점(가산휴가 1일 부여 시점)은 언제인가요?

A 근로기준법 제60조 제4항에 '사용자는 3년 이상 계속하여 근로한 근로자에게는 제1항에 따른 휴가에 최초 1년을 초과하는 계속 근로 연수 매 2년에 대하여 1일을 가산한 유급휴가를 주어야 한다. 이 경우 가산휴가를 포함한 총 휴가 일수는 25일을 한도로 한다.'고 규정하고 있습니다.

2004년 6월 10일 입사자의 계속 근로 연수가 3년이 되어 연차휴가 1일이 가산되어 발생하는 시점은 2008년 1월 1일이 되는 것으로 회계연도 단위 부여 취지와 맞지 않고, 1월 1일 입사자가 아닌 경우 퇴사 시까지 1년에 해당하는 기간을 손해 볼 수 있습니다(근로기준과-3836, 2004.07.27.).

※ 2004년 1월 1일 입사자는 2007년 1월 1일에, 2004년 1월 2일 이후 입사자는 2008년 1월 1일에 16일의 연차가 부여되어, 입사일 1일 차이로 형평성 문제 발생

■ 예시) 회계연도 기준으로 연차를 부여하는 사업장의 경우 가산연차(2013.07.01. 입사자)

부여년도	부여일수	부여년도	부여일수
2014.01.01.	7.5	2018.01.01.	16
2015.01.01.	15	2019.01.01.	17
2016.01.01.	15	2020.01.01.	17
2017.01.01.	16	2021.01.01.	18

1년간 80% 미만 출근자의 경우 가산휴가 발생 여부

사례

Q 병가 휴직으로 인해 1년간 80% 미만 출근한 직원이 있습니다. 기본 연차는 만근한 개월 수만큼 부여하면 되는데, 이때 가산연차는 이와 별개로 정상 부여해야 하나요?

A

- 근로기준법 제60조 제4항에 따른 가산휴가는 제1항에 따른 휴가(1년간 80% 이상 출근한 근로자에게 주어지는 15일의 유급휴가)에 계속 근로 연수 매 2년에 대하여 1일을 추가로 부여하는 유급휴가이므로(총휴가 일수 25일 한도), 전년도 출근율이 80% 미만이어서 제1항에 따른 기본 연차휴가가 발생하지 않는 근로자에게는 가산휴가도 발생하지 않습니다(고용노동부 상담센터, 2018.04.12.).

행정해석

- 근로기준법 제48조 제2항의 근속가산유급휴가는 근로자가 9할 이상 출근하여 당해연도 유급휴가권이 발생하였을 경우에만 1년을 초과하는 계속 근로 연수 매 1년에 대하여 1일씩 가산한 유급휴가를 주는 것임(근기 01254-10378, 1987.06.27.).
- 근로기준법 제48조 제2항의 연차가산유급휴가는 연간 9할 이상 출근하여 당해연도 연차

유급휴가가 발생되어야 계속 근속 연수 1년에 대하여 1일씩의 가산휴가도 발생되는 것임 (근기 01254-1454, 1988.01.30.).

■ 연간 총소정근로일수와 실질 소정근로일수의 비율 적용을 위한 연차 유급휴가 일수는 1년간 출근율에 따른 기본 연차 유급휴가뿐만 아니라 근속년수에 따른 가산 연차 유급휴가를 포함하는 것으로 보는 것이 타당할 것으로 사료됩니다(근로개선정책과-3370, 2014.06.13.).

따라서 행정해석과 근로기준법 제60조 제4항을 적용하면 전년도에 80% 미만으로 출근한 자의 경우에는 익년도에 가산휴가는 발생하지 않고 월 단위의 연차휴가만 발생하게 되는 것입니다.

08

유형별 연차휴가

촉탁직 근로자의 연차 유급휴가 적용 여부

사례

Q 정년 이후(일명 '촉탁 계약직') 1년씩 3년간 연속 근로를 하고 있습니다. 촉탁 계약직으로 근무하는 기간에는 연차휴가제도가 없나요?

A

- 근로기준법 제60조에 따라 연차 유급휴가는 1년간 80% 이상 출근한 근로자에게 부여되고, 계속하여 근로한 기간이 1년 미만인 경우에는 1개월 개근 시 1일의 연차 유급휴가가 부여되며 고용형태에 따라 달리 적용되는 것은 아니므로, 촉탁직 근로자라 하더라도 법상 요건에 부합된다면 연차 유급휴가청구권을 행사할 수 있습니다(근로개선정책과-2711, 2012.05.21.).

- 정년퇴직자를 기간의 정함이 있는 근로계약으로 재고용하는 경우 당사자 간의 특약이 없다면 근로자의 퇴직금 및 연차 유급휴가 일수 계산을 위한 계속 근로 연수는 재고용기간만 해당된다고 사료됩니다(근기 68207-338, 2001.02.02.).
  아울러, 고령자고용법 제21조 제2항에 의하면 사업주는 고령자인 정년퇴직자를 재고용할 때 당사자 간의 합의에 의하여 근로기준법 제34조에 따른 퇴직금과 같은 법 제60조에 따른 연차 유급휴가 일수 계산을 위한 계속 근로기간을 산정할 때 종전의 근로기간을 제외할 수 있으며 임금의 결정을 종전과 달리할 수 있습니다.

연차 유급휴가 산정 시 부당해고기간의 처리방법

사례

Q 정리해고 당한 뒤 부당해고 구제신청(노동위원회와 행정소송)이 받아들여져서 원직에 복직하였으나 근로기준법 연차 유급휴가 적용에 있어 해고기간 2년도 기간산정 시 계속 근로 연수에 산입될 수 있나요?

A

■ 부당해고 구제신청이 인용되어 원직 복직한 경우 그 부당해고기간은 계속 근로 연수에 포함된다고 사료됩니다. 또한 부당해고기간은 근로자가 근로를 제공하지 않은 상태이나 이는 사용자의 부당해고로 인한 것이므로 근로기준법 연차 유급휴가 산정을 위한 출근율의 계산 시 소정근로일수에서 제외되어야 한다고 사료됩니다.

따라서 산정대상 1년을 기준으로 부당해고기간을 제외한 소정근로일수를 가지고 출근율을 산정하고, 동 출근율에 의한 휴가발생일수와 계속 근로 연수(부당해고기간 포함)에 따른 가산휴가 일수를 합하여 여기에 당해 사업장의 연간 총 소정근로일수에 대한 해당 근로자의 출근일수의 비율을 곱하여 산정하면 될 것입니다.

질의의 경우 연도별로 연차휴가를 산정한다고 가정하면 2001년도에는 2000년도에 소정근로일수가 전혀 없으므로 연차 유급휴가가 발생하지 않으며, 2002년도에는 2001년 3월 16일 이후의 출근율을 가지고 위의 방식에 따라 연차 유급휴가를 산정하면 될 것입니다(근기 68207-1976, 2001.06.19.).

행정해석 및 판례

- 부당해고기간은 근로자가 근로를 제공할 수 있음에도 사용자의 부당한 징계권의 행사로 근로를 제공하지 못한 기간으로 '연차 유급휴가 등의 부여 시 소정근로일수 및 출근 여부 판단 기준(근기 68207-709, 1997.05.30.)'에 따르면 '특별한 사유로 근로제공의무가 정지된 날 또는 기간'에 해당되어 소정근로일수 계산에서 제외하여야 함(같은 취지 : 근기-722, 2005.02.07. 등 다수).
  따라서 2004.10.1.부터 2006.4.3.까지 부당해고기간이고 매년 5월을 기준으로 연도별로 연차휴가를 산정한다면 2006년은 부당해고기간을 제외한 2006.4.4.부터 2006.4.30.까지의 소정근로일수를 가지고 출근율을 산정하여야 하며, 동 출근율에 의한 휴가발생일수와 계속 근로 연수(부당해고기간 포함)에 따른 가산휴가 일수를 합하여 여기에 당해 사업장의 연간 총소정근로일수에 대한 해당 근로자의 출근일수와 비율을 곱하여 산정하면 됨(임금근로시간정책팀-1108, 2006.05.15.).
- 근로기준법 제60조에 따른 연차 유급휴가는 개별 근로자의 입사일을 기준으로 산정하는 것이 원칙입니다. 단체협약상 연차 유급휴가 산정 기준일이 개인별 입사일인 회사의 근로자가 부당해고 판정으로 복직되었을 경우 연차 유급휴가를 산정하기 위한 기준일은 해당 근로자의 복직일이 아닌 입사일이 되어야 할 것입니다(근로조건지도과-371, 2009.01.16.).
- 부당해고기간은 근로자가 근로를 제공할 수 있음에도 사용자의 부당한 징계권의 행사로 근로를 제공하지 못한 기간으로 '특별한 사유로 근로제공의무가 정지된 날 또는 기간'에 해당되어 소정근로일수 계산에서 제외하여야 하므로, 부당해고기간을 제외한 나머지 소정근로일수에 대한 출근율에 따라 산출된 일수에 당해 사업장의 연간 총소정근로일수에 대한 출근일수 비율을 곱하여 산정하여야 함.
  다만, 부당해고기간이 해당 연도의 전부에 해당될 경우, 사용자는 연차 유급휴가를 부여하지 않아도 됨.
  2007.10.4.부터 2009.9.1.까지 부당해고기간이고 사업장이 회계연도 단위로 연차휴가를 산정하여 부여하는 경우라면 2008.1.1.부터 2008.12.31.까지의 부당해고기간에 대하여는 해당 연도의 전부를 출근하지 아니한 경우로서 2009년에 사용할 연차 유급휴가가 발생하지 않음을 알려드림(근로기준과-5084, 2009.12.01.).

■ 근로자가 부당해고로 인하여 지급받지 못한 임금이 연차휴가수당인 경우에도 해당 근로자의 연간 소정근로일수와 출근일수를 고려하여 근로기준법 제60조 제1항의 요건을 충족하면 연차 유급휴가가 부여되는 것을 전제로 연차휴가수당을 지급하여야 하고, 이를 산정하기 위한 연간 소정근로일수와 출근일수를 계산함에 있어서 사용자의 부당해고로 인하여 근로자가 출근하지 못한 기간을 근로자에 대하여 불리하게 고려할 수는 없으므로 그 기간은 연간 소정근로일수 및 출근일수에 모두 산입되는 것으로 보는 것이 타당하며, 설령 부당해고기간이 연간 총근로일수 전부를 차지하고 있는 경우에도 달리 볼 수는 없다(대법 2011다95519, 2014.03.13.).

해외연수기간이 있는 경우 연차 유급휴가 산정방법

사례

Q 회사에서 경비를 지원받아 해외에서 장기간 연수하였는데 연차휴가를 어떻게 부여해야 하나요?

A

■ 해외연수기간은 통상적인 근로관계하에서의 근로제공 의무를 취업규칙 등에 의해 면제받는 것이므로 소정근로일은 아니나 이를 연차 유급휴가 부여를 위한 출근율 산정 시 결근으로 처리해서는 안 될 것입니다. 따라서 연차 유급휴가 산정을 위한 출근율 산정 시 해외연수기간을 제외한 기간을 가지고 출근율을 산정해야 할 것입니다.

이 경우 전년도에 개근하였다면 당해연도 1월 1일부터 당해연도 12월 31일까지 15일(가산휴가 별도)의 연차휴가를 사용할 수 있습니다(다만, 해외연수기간 중에는 사실상 사용할 수 없으므로 해외연수를 가기 전 사용 가능)

☞ (15일 + 가산휴가 일수) × (당해 근로자의 출근일수 / 당사의 연간 총소정근로일수)

예를 들어 전년도 6개월 개근하고 남은 6개월 해외연수를 갔으면 15일 휴가(가산휴가 없는 것으로 가정)에 연간 총소정근로일수에 대한 당해근로자의 출근일수의 비율을 곱한 7월 5일의 연차 유급휴가를 익년도 1월 1일 ~ 12월 31

일까지 사용할 수 있습니다. 다만, 해외연수기간 중에는 사실상 사용할 수 없으므로 해외연수를 마치고 복직한 이후 사용 가능합니다(근기 68207-2888, 2001.09.01.).

■ 해외연수가 회사의 인정하에 이루어졌고, 교육훈련 수료 후 바로 업무에 복귀하여 계속적으로 근무가 이루어진 경우라면 해외연수기간은 소정근로일에서 제외하는 것이 타당하며, 이 경우 연차 유급휴가 일수는 산정대상기간(1년) 중 해외연수기간을 제외한 나머지 소정근로일수에 대한 출근율에 따라 산출된 휴가 일수에 당해 사업장의 연간 총소정근로일수에 대한 당해 근로자의 출근일수 비율을 곱하여 산정해야 할 것입니다.
다만, 연장된 해외연수기간에 대하여 이를 소정근로일에서 제외되는 통상의 해외연수기간에 포함시킬 것인지 아니면 소정근로일에 포함시켜 휴직(결근)으로 처리할지 여부는 회사의 단체협약, 취업규칙 등에서 정하는 바에 따라 연수기간 연장의 취지 등을 종합적으로 고려하여 판단해야 할 것입니다(근기 68207-1212, 2002.03.22.).

국내외 교육파견자에 대한 연차휴가 산정방법

사례

Q 직원의 능력 향상을 위해 교육과정(국내 및 국외)을 개설하고, 해당 직원을 선발하여 장기간 교육기관(대학 등)에 파견(교육기간 동안 회사에서 경비 및 임금 지급)을 한 경우 연차휴가 일수 산정방법은?

A 연차 유급휴가를 부여하기 위한 '소정근로일수'의 출근율을 판단함에 있어 당초 근무하기로 정하였지만, 특별한 사유로 근로제공의무가 정지된 날 또는 기간'은 소정근로일수 계산에서 제외되어야 합니다(연차 유급휴가 등의 부여 시 소정근로일수 및 출근 여부 판단기준, 2007.10.25., 임금근로시간정책팀-3228).

직원 능력 향상을 위한 연수(국내 및 국외)가 공단의 인정하에 이루어졌고, 교육과정을 수료 후 업무에 복귀하여 계속적으로 근무가 이루어진 경우라면 국내외 연수기간은 소정근로일에서 제외하는 것이 타당하며, 이 경우 연차 유급휴가 일수는 산정대상 기간(1년) 중 국내외 연수기간을 제외한 나머지 소정근로일수에 대한 출근율에 따라 산출된 휴가 일수에 당해 사업장의 연간 총소정근로일수에 대한 당해 근로자의 출근일수 비율을 곱하여 산정하여야 할 것으로 사료됩니다(근로기준과-529, 2011.01.31.).

격일제(2교대) 근로자 연차 유급휴가 산정방법

사례

Q 격일제(2교대) 근로형태에서의 연차 유급휴가 산정방법은?

A

- 근로기준법 제60조 규정에 따라 사용자는 1년간 80% 이상 출근한 근로자에게 15일의 유급휴가를 부여하고, 계속 근로한 기간이 1년 미만인 근로자 또는 1년간 80% 미만 출근한 근로자에게는 1개월 개근 시 1일의 유급휴가를 주어야 합니다.

  연차 유급휴가는 근로자가 청구한 시기에 부여해야 하므로 근로자가 휴가 사용을 청구한 날에 한하여 휴가를 사용한 것으로 보아야 할 것이지만, 통상적인 격일제 근로형태(통상 2개조로 나누어 1개조가 24시간 연속근무를 2역일에 걸쳐 반복하여 근무하고 전일의 근무를 전제로 다음 날에 휴무일이 주어지는 형태)에 종사하는 근로자라면, 근로일의 근무를 전제로 다음 날(비번일)에 휴무하는 것이므로 연차 유급휴가를 사용하여 근무일과 다음 날을 함께 휴무하였다면 2일의 휴가를 사용한 것으로 볼 수 있습니다(같은 취지 근기 68207-313, 1999.2.5.; 근로개선정책과-4504, 2012.9.7. 등 다수)(근로기준정책과-561, 2018.01.23.).

- 24시간 격일제 근무를 채택하고 있는 사업장에서 근무일 다음의 휴무일은 전일의 근무를 전제로 주어지는 것이므로, 근로자가 1일의 연차 유급휴가를 신

청할 경우 사용자는 1일의 연차휴가를 신청한 근로자에게 비번일인 휴무일에 근무일의 근로시간의 절반에 해당하는 근로(반일근무)를 시킬 수 있다고 보아야 할 것입니다.

다만, 24시간 격일제 근무에 대하여 근로계약을 체결한 이상 근무일 다음의 휴무일은 전일의 근무를 전제로 주어진다는 점, 휴무일에는 타 근로자의 근무가 예정되어 있는 점 등을 고려할 때 근로자의 휴무일 반일근무 신청에 대하여 사용자가 반드시 수용해야 하는 의무가 발생한다고 볼 수는 없습니다.

따라서 근로자가 1일의 연차 유급휴가를 신청하면서 휴무일에 근로제공 의사를 피력하였다고 하여 근로자의 휴무일 근무신청(12시간)에 대해 유급 처리하여야 할 의무가 있는 것은 아닙니다(근로개선정책과-4504, 2012.09.07.).

행정해석

- 2근무일 1휴무일 형태의 교대제 근로인 경우, 휴가 사용일을 특정한 경우에는 그 특정한 날에 대해서만 휴가로 처리해야 함(근기 68207-3014, 2002.10.07.).
- 격일제 근로자가 근로기준법 제63조에 따른 '근로시간 등의 적용 제외 승인'을 얻은 경우 연차 유급휴가미사용수당 지급을 위한 통상 하루의 소정임금은 근무일의 절반에 해당하는 근로시간분의 임금을 지급함이 타당할 것으로 사료됨(근로개선정책과-2445, 2014.04.22.).

파업으로 인해 일주일 전부를 출근하지 않은 경우 연차 유급휴가 부여방법

사례

Q 파업으로 인해 일주일 전부를 출근하지 않은 경우 연차 유급휴가 부여방법은?

A

- 근로기준법 제60조에 따른 연차 유급휴가 부여와 관련하여 적법한 쟁의행위로 근로제공의무가 정지되어 근로를 제공하지 아니한 기간이 포함된 경우 쟁의행위 기간을 제외한 나머지 실제 소정근로일수에 대한 출근율에 따라 취득요건을 판단하면 될 것이며,
  이때 부여해야 할 연차 유급휴가 일수는 평상의 근로관계에서 80% 이상 출근한 경우 부여되는 휴가 일수에서 '총소정근로일수'에 대한 위의 '실제 소정근로일수' 비율을 곱하여 산정하면 될 것입니다(임금근로시간정책팀-3228, 2007.10.25. 참조)(근로기준정책과-401, 2017.01.13.).

- 파업기간을 제외한 나머지 소정근로일을 개근하고, 당해 사업장의 연간 총소정근로일수에 대한 출근일수 비율이 89%라면 연차휴가 일수는 8.9일(10일 × 89 / 100 = 8.9일)이 발생합니다.
  만일, 가산휴가가 있는 경우에는 (10일 + 가산휴가) × 89 / 100으로 산정될 것입니다.
  위에서 0.9일 등 1일 미만의 휴가에 대하여는 사용자가 시간 단위 등으로 부여

할 의무는 없으나, 미사용 시에는 연차휴가근로수당으로 지급해야 한다고 사료됩니다(근기 68207-216, 2002.02.24.).

행정해석

- 연차 유급휴가 부여 등의 소정근로일수 및 출근 여부 판단기준(임금근로시간정책팀-3228, 2007.10.25.)에 따라 '적법한 쟁의행위기간'은 특별한 사유로 근로제공의무가 정지되는 날 또는 기간으로 보아 쟁의행위기간을 제외한 나머지 소정근로일수를 출근율이 80% 이상이면 연차 유급휴가를 부여하되, 연차 유급휴가 일수는 쟁의행위기간을 제외한 나머지 소정근로일수와 연간 총소정근로일수의 비율에 따라 산정해야 함(근로개선정책과-4449, 2013.07.30.).
- 파업기간 중에는 근로자의 경우 사용자에 대한 주된 의무인 근로제공의 의무로부터 벗어나는 등 근로계약에 따른 근로자와 사용자의 주된 권리·의무가 정지됩니다(대법 94다26721, 1995.12.21. 참조).
  유급휴가를 부여하는 당일 파업이 시작되었고, 유급휴가를 가야 할 근로자가 파업에 참여하여 근로자에게 근로제공의무가 없게 되었다면 사용자로서는 휴가를 부여할 수 없는 바, 그에 따른 임금지급 의무 또한 면하게 됨이 타당하다고 사료됩니다(근로기준정책과-855, 2018.2.1.).

육아기 근로시간 단축자의 연차 유급휴가 부여방법

사례

Q

1. 근로자 A는 2015년 1월 1일 입사자로 2019년에 16일의 연차휴가가 발생하였는데 이 중 13일은 정상근로(1일 8시간 근무)를 하는 기간에, 나머지 3일은 육아기 근로시간 단축(1일 4시간 근무)기간에 사용하였습니다. 이 경우 연차휴가를 모두 사용한 것인가요?

2. 근로자 A가 2019년에 육아기 근로시간 단축기간을 포함하여 80% 이상 출근하였고, 2019년 중에 6개월을 1일 8시간 근무하다가 1일 4시간으로 단축근무한 경우(나머지 6개월은 1일 8시간 근무) 2020년 연차휴가 계산방법은 어떻게 하되요?

3. 근로자 A가 2020년에 발생한 연차휴가를 정상 근로기간과 육아기 근로시간 단축기간에 나누어 사용한 경우 연차휴가를 어떻게 부여하나요?

A

- 육아기 근로시간 단축을 하는 근로자에 대하여 임금, 연차휴가 등에 대해서 근로시간에 비례하여 적용하는 경우 외에는 근로조건을 불리하게 할 수 없도록 규정하고 있습니다. 연차휴가는 근로기준법 시행령 별표2의 단시간근로자의 근로조건 결정기준 등에 관한 사항 제4항 '나'호에 따라 부여해야 할 것입니다.

※ 단시간근로자의 연차 유급휴가 계산방식

$$\text{통상 근로자의 연차휴가 일수} \times \frac{\text{단시간근로자의 소정근로시간}}{\text{통상 근로자의 소정근로시간}} \times 8\text{시간}$$

단축근로시간은 주15시간에서 30시간까지 일정한 시간을 정하고 사용하는 것이 원칙이나, 주15시간에서 30시간까지의 범위 내에서 주별로 근로시간을 달리 정하고자 할 경우 사업주와의 협의가 있으면 가능하다고 생각됩니다(여성고용과-284, 2008.06.10.).

■ 질의 1과 질의 2에 대하여

(1) 우리부 행정해석은 '단축기간 동안 연차 유급휴가는 '1일' 단위로 소정근로일에 부여하되, 단축기간 동안의 소정근로시간만큼 사용한 것으로 하여야 하고, 단시간근로자에게 부여된 연차 유급휴가 일수(시간)가 통상 근로자의 법정 연차 유급휴가 일수를 초과하는 경우 초과된 일수(시간)에 대해서는 휴가로 부여하지 않을 수 있으나, 이 경우에도 미사용한 연차 유급휴가시간('1일' 단위로 사용할 수 없게 된 잔여휴가시간 포함)에 대하여는 시간급 임금을 기초로 미사용수당을 지급하여야 할 것(근로개선정책과-4216, 2013.7.18. 행정해석)' 이라는 입장입니다.

(2) 근로시간 단축 시 연차 유급휴가는 단시간근로자의 연차 유급휴가 계산방식을 준용하므로 통상 근로자가 단시간근로자로 전환하거나 또는 단시간근로자가 통상 근로자로 전환한 경우에는 각각의 근무기간에 대해 연차 유급휴가를 산정, 근로시간을 기준으로 부여해야 할 것입니다.

(3) 귀 질의와 같이 일 8시간, 주 40시간 근무로 부여된 연차일수가 16일이라면 이를 시간 단위로 환산하여 128시간 = 16일 × 8시간으로 하여, 통상근로일 때 13일을 사용하고, 4시간 단축으로 3일을 사용하였다면 (13일 × 8시간) + (3일 × 4시간) = 116시간을 사용하였으므로 미사용한 시간인 12시간에 대하여 수당으로 지급되

어야 할 것입니다.

■ 질의 3에 대하여

(1) 육아기 근로시간 단축 근로자에 대한 연차 유급휴가는 단시간근로자의 연차 유급휴가 계산방식을 준용하므로 예시와 같이 일 단위가 아닌 시간 단위로 부여하면 될 것입니다.

※ 예시)

통상 근로자의 연차휴가 일수 × (단시간근로자의 소정근로시간 / 통상 근로자의 소정근로시간) × 8시간

(2) 또한, 우리부 행정해석(근로개선정책과-4216, 2013.7.18.)에서는 육아기 근로시간 단축 근로자의 연차 유급휴가에 대하여, 연차 유급휴가 부여를 위한 출근율 산정기간 중에서 통상 근로와 육아기 근로시간 단축 근무가 혼재되어 있는 경우 연차 유급휴가는 다음의 방식에 의하여 시간 단위로 산정토록 하고 있습니다.

[통상 근로기간 동안 연차 유급휴가(15일 × 통상 근로월 / 12월) × 8시간] + [육아기 단축기간 동안 연차 유급휴가 { 15일 × (육아기 근로시간 단축 근로자의 소정근로시간 / 통상 근로자의 소정근로시간) × (단축기간 근로월 / 12월) × 8시간}]

(3) 귀 질의와 같이 2019년 6개월간은 8시간 주40시간 근로하다가 6개월간은 4시간 주20시간으로 단축근무하였으면

해당 근로자의 통상 근로자의 연차 유급휴가가 15일 이라면,

[15 × (6 / 12) × 8] + [15 × (20 / 40) × (6 / 12) × 8] = 90시간으로, 시간 단위로 산정하여 시간 단위로 사용하면 될 것입니다(고용노동부 고객상담센터 인터넷상담과-2AA-2003-0177074, 2020.03.09.).

임신기 근로시간 단축기간 중 연차 유급휴가 부여 시 산정방법

사례

Q 임신기 근로시간 단축기간 중 연차 유급휴가 3시간을 부여한 경우 산정시간은?

A 임신기 근로시간 단축제도는 임신 후 12주 이내 또는 36주 이내 또는 36주 이후에 있는 여성근로자가 1일 2시간의 근로시간을 단축하고 임금은 삭감 없이 지급받습니다(근로기준법 제74조).

임신기 근로시간 단축기간에 연차 유급휴가를 1일 단위로 부여한 경우 1일 6시간 사용으로 산정하며, 연차 유급휴가를 시간 단위로 부여(3시간)한 경우에는 부여한 시간(3시간)만 사용한 것으로 산정해야 합니다.

다만, 임금은 단축된 근로시간 이전의 근로시간에 해당하는 금액을 지급하여야 합니다(여성고용정책과-5185, 2018.12.12.).

가족돌봄 등 근로시간 단축자의 연차 유급휴가 부여방법

사례

Q 통상 근로자가 단시간근로자로 전환하거나 또는 단시간근로자가 통상 근로자로 전환한 경우 연차 유급휴가 산정방법은?

A 각각의 근무기간에 대해 연차 유급휴가를 산정하고, 근로시간을 기준으로 해야 하며, 고용노동부 근로시간 단축제도 가이드북(2019. 12.)을 참조하면 다음과 같습니다.

▶ 통상 근로자가 1일 6시간씩 5일 근무하는 단시간근로자로 전환한 경우

해당 근로자가 1년간 80% 이상 출근하였다면 120시간의 연차 유급휴가를 부여받을 수 있습니다(근속기간이 1년인 경우).

- 15일 × 8시간 = 120시간

☞ 120시간을 일수로 환산할 경우에는 1일 6시간씩 산정, 총 20일의 연차 유급휴가를 사용할 수 있음

▶ 1일 8시간씩 3일 근무하는 단시간근로자가 통상 근로자로 전환한 경우 연차 유급휴가

해당 근로자가 1년간 80% 이상 출근하였다면 77시간의 연차 유급휴가를 부여받을 수 있습니다(근속기간이 3년인 경우).

• $16일 \times \frac{24시간}{40시간} \times 8시간 = 77시간$(1시간 미만은 1시간으로 봄)

☞ 77시간을 일수로 환산할 경우에는 1일 8시간씩 산정, 총 10일(9.625일)의 연차 유급휴가를 사용할 수 있음(9일 5시간 형태로 분리하여 연차 유급휴가를 부여하는 것도 가능)

▶ 1년 중 6개월간 통상 근로를 하고 나머지 6개월간 1일 6시간씩 5일 근무하는 단시간근로자로 전환하여 근무한 경우 연차 유급휴가

해당 근로자가 1년간 80% 이상 출근하였다면 105시간의 연차 유급휴가를 부여받을 수 있습니다(근속기간이 1년인 경우).

• $(15일 \times 8시간 \times \frac{1}{2}) + (15일 \times \frac{30시간}{40시간} \times 8시간 \times \frac{1}{2}) = 105시간$

☞ 105시간을 일수로 환산할 경우에는 1일 6시간씩 산정, 총 18일(17.5일)의 연차 유급휴가를 사용할 수 있을 것임

육아휴직 후 연차휴가 부여방법 (2018.05.29. 이후 육아휴직 개시)

사례

Q 2018년 5월 29일 이후 육아휴직 신청자의 연차휴가 부여일수는 어떻게 산정하나요?

A

- 근로기준법 제60조 제6항 제3호가 신설(2018. 05. 29. 이후)되어 '남녀고용평등과 일·가정양립 지원에 관한 법률 제19조 제1항에 따른 육아휴직으로 휴업한 기간은 출근한 것으로 본다.'고 규정하고 있습니다.

☞ 구법에서는 육아휴직기간을 제외한 나머지 소정근로일수와 연간 총소정근로일수의 비율에 따라 산정하였지만(여성고용과-476, 2008.08.18.), 신법에서 육아휴직기간을 출근으로 간주하기 때문에 육아휴직 후 복직 시 사용할 수 있는 연차 유급휴가 일수는 휴직전 출근기간과 육아휴직기간을 합한 1년간의 출근율에 따라 산정합니다(고용노동부 - 개정 근로기준법 설명자료 참조, 2018.05.).

- 즉, 2018년 1월 1일부터 2018년 12월 31일까지의 연차 유급휴가 일수를 산정할 경우 2018년 6월 1일부터 2018년 12월 31일까지 사용한 육아휴직기간을 모두 출근한 것으로 산정하면 되고,
2019년 1월 1일부터 2019년 12월 31일까지의 연차 유급휴가 일수를 산정할

경우 2019년 1월 1일부터 2019년 5월 31일까지 사용한 육아휴직기간을 모두 출근한 것으로 산정하면 될 것입니다(고용노동부 상담센터, 2018.06.07.).

☞ 2017년 1월 1일 입사자가 2019년 1월 1일부터 2019년 12월 31일까지 1년간 육아휴직을 사용할 경우 근로기준법 제60조에 따라 육아휴직기간은 출근으로 간주되므로, 2020년 1월 1일 16일의 연차휴가가 부여되어야 할 것입니다(고용노동부 고객상담센터 인터넷상담과, 2019.06.09.).

가족돌봄 휴직 및 가족돌봄 휴가자의 연차휴가 부여방법

사례

Q 가족돌봄휴직 90일 중에 10일을 가족돌봄휴가로 사용할 수 있는데, '가족돌봄휴직 80일 + 가족돌봄휴가 10일'을 사용한 경우 익년도 연차 발생은 어떻게 되나요?

A 육아휴직과 마찬가지로 계산되며, 연차 유급휴가의 발생요건인 출근율을 계산함에 있어서는 가족돌봄 휴직기간을 제외한 나머지 소정근로일수(근로자와 사용자가 근로하기로 정한 날)의 출근율을 가지고 산정합니다.

연차 유급휴가 일수는 가족돌봄 휴직기간을 제외한 나머지 소정근로일수와 연간 총소정근로일수의 비율에 따라 산정합니다(고용노동부 통합고용정책국 여성고용정책과, 2020.03.25.).

가족돌봄휴가는 법정휴가로서 그 성질상 출근한 것으로 보아야 하므로 연차유급휴가 산정 시 소정근로일수와 출근일수에 포함해야 합니다.

따라서 1년 미만자의 연차 유급휴가 산정 시 가족돌봄휴가는 소정근로일수와 출근일수에 포함되므로 다른 결근이 없다면 1개월 개근이므로 1일의 소정근로시간에 해당하는 연차 유급휴가를 부여해야 합니다(비례 삭감 없음)(고용노동부 고객상담센터 인터넷상담과, 2020.05.18.).

업무상 재해로 휴업한 기간에 대한 연차 유급휴가 부여 여부

사례

Q 근로자가 업무상 재해로 인해 연차 유급휴가의 부여기준이 되는 2017년 7월 1일부터 2018년 6월 30일까지 1년 동안의 총소정근로일을 출근하지 아니한 경우 연차 유급휴가를 부여해야 하나요?

A 근로기준법 제60조 제6항은 연차 유급휴가를 부여함에 있어 각 호(업무상 부상 또는 질병, 산전후휴가, 육아휴직)의 어느 하나에 해당하는 사유로 휴업한 기간은 출근한 것으로 본다고 규정하면서, 연차 유급휴가 부여 기준이 되는 해당 연도 전부를 휴업한 경우에는 이를 부여하지 아니한다는 예외를 정하고 있지 않습니다.

이는 업무상 부상 또는 질병, 산전후휴가, 육아휴직으로 휴업한 경우 근로 여부와 관계없이 해당 휴업기간을 출근한 것으로 봄으로써 연차휴가 부여에 있어 불이익을 받지 않도록 하는 데 그 취지가 있다고 할 것입니다.

같은 법 제1항 및 제2항에 따른 연차 유급휴가를 부여함에 있어 근로자가 같은 법 제6항에서 정한 각 호의 어느 하나에 해당하여 휴업한 경우 그 기간의 장단을 불문하고 소정근로일수와 출근일수에 모두 포함시켜 출근율을 계산하여야 하며, 설령 그 기간이 1년 전체에 걸치거나 소정근로일수 전부를 차지한다고 하더라도 이와 달리 볼 근거나 이유가 없습니다(같은 취지 대법 2014다232296, 2014다2322302, 2017.5.17.).

따라서 근로자가 업무상 재해로 인해 연차 유급휴가의 부여 기준이 되는 2017년 7월 1일부터 2018년 6월 30일까지 1년 동안의 총소정근로일을 출근하지 아니하였다 하더라도 근로기준법 제60조 제6항에 따라 해당 기간을 모두 출근한 것으로 보아 연차 유급휴가를 부여하여야 하고, 근로자가 연차 유급휴가에 관한 권리를 취득한 후 1년 이내에 연차휴가를 사용하지 아니하거나 1년이 지나기 전에 퇴직하는 등의 사유로 인하여 더 이상 연차휴가를 사용하지 못하게 될 경우 사용자는 그 미사용 연차휴가 일수에 상응하는 임금인 연차휴가수당을 지급하여야 합니다(임금근로시간과-30, 2019.04.25.).

정년퇴직자의 연차휴가수당 지급 여부

사례

Q 환경미화원으로 근무하다 정년퇴직하게 되었는데, 정년은 만 61세가 되는 해의 12월 말일로 규정하고 있으며, 정년퇴직예정자에게는 20일의 특별유급휴가를 부여하고 있습니다.

정년퇴직 직전에 위의 특별유급휴가를 사용하였는데 만 61세가 되는 해의 12월 31일까지 특별유급휴가기간이었습니다. 만 61세가 되는 해의 12월 말일이 특별유급휴가기간 중 하루였으므로 실제 퇴직일은 다음 해 1월 1일로 보아야 한다며 퇴직으로 사용하지 못한 연차휴가에 대한 수당을 청구하였는데 어떻게 해야 하나요?

A 다음의 판례와 행정해석을 참고하면 됩니다.

판례 및 행정해석

- 근로기준법 제60조 제1항이 규정한 유급연차휴가는 1년간 80% 이상 출근한 근로자에게 부여되는 것으로, 근로자가 연차휴가에 관한 권리를 취득한 후 1년 이내에 연차휴가를 사용하지 아니하거나 1년이 지나기 전에 퇴직하는 등의 사유로 인하여 더 이상 연차휴가를 사용하지 못하게 될 경우에는 사용자에게 그 연차휴가 일수에 상응하는 임금인 연차휴가수당을 청구할 수 있다(대법 2014다232296, 232302, 2017.5.17. 등 참조).

다만 연차휴가를 사용할 권리는 다른 특별한 정함이 없는 한 그 전년도 1년간의 근로를 마친 다음 날 발생한다고 보아야 하므로, 그전에 퇴직 등으로 근로관계가 종료한 경우에는 연차휴가를 사용할 권리에 대한 보상으로서의 연차휴가수당도 청구할 수 없다고 보아야 한다.

- 정년을 만 61세가 되는 해의 12월 말일로 정하고 있으므로, 다른 특별한 사정이 없는 한 원고 등은 만 61세가 되는 12월 31일 정년에 도달하여 근로관계가 당연히 종료함.
- 원고 등이 만 61세가 되는 해의 12월 31일까지 특별유급휴가를 사용하였다고 하여 그러한 사정만으로 이들의 퇴직일이 다음 해 1월 1일로 미루어진다고 볼 수 없음.
- 만 61세가 되는 해의 12월 31일 원고 등의 근로관계는 당연히 종료되었다고 보아야 하므로 원고 등은 만 61세가 되는 해의 근로에 대한 대가로서의 연차휴가에 관한 권리를 취득할 수 없음(대법 2016다48297, 2018.6.28.).

▪ 단체협약, 취업규칙 등에 의하여 조합원의 정년을 만 55세로 정하고 정년퇴직일을 12월 31일로 하도록 정하고 있는 것으로 보임. 이와 같이 만 55세가 되는 해의 12월 31일을 정년퇴직일로 하고 있다면 정년퇴직일을 근로일로 볼 수 없으므로 회계연도 단위로 구분하여 연차휴가를 부여하는 경우 정년퇴직하는 당해연도 근무기간에 대한 연차 유급휴가(연차휴가미사용수당청구권 포함)는 발생되지 않는다고 사료됨(임금근로시간정책팀-1345, 2007.04.08.).

▪ 정년퇴직일을 취업규칙 등에 의하여 12월 31일로 하고 있는 경우 실제 정년퇴직일 당일에 근로를 제공한 경우를 제외하고 정년퇴직일은 근로일에 포함되지 않는 것으로 보고 있음(임금근로시간정책팀-1663, 2007.05.01.).

▪ 정년퇴직일을 근로일로 볼 수 없으므로 회계연도 단위로 구분하여 연차휴가를 부여하는 경우 정년퇴직하는 당해연도 근무기간에 대한 연차 유급휴가는 발생되지 않는다고 사료됨(임금근로시간정책팀-1416, 2007.04.12.).

▪ 사업장의 단체협약에 근로자의 정년에 관하여 '만 55세를 정년으로 하되 주민등록상 생년월일을 기준으로 1월부터 6월까지의 생일자는 6월 말일을, 7월부터 12월까지의 생일자는 12월 말일을 정년으로 한다.'로 규정된 경우, 정년퇴직일인 12월 말일은 근로일로 볼 수 없으므로 정년퇴직하는 당해연도 근무기간이 1년 미만에 해당되어 연차 유급휴가는 발생하지 않을 것이나, 근로자가 정년퇴직일인 12월 31일에 실제 근로를 제공하고 다음 해 1월 1일에 퇴직하였다면 1년간의 근로를 마친 것으로서 연차 유급휴가가 발생요건을 충족할 시에는 연차 유급휴가미사용수당을 지급하여야 할 것임(근로개선정책과-1115, 2013.02.12.).

재택대기자의 연차 유급휴가 발생 여부

사례

Q 재택대기를 할 경우 연차휴가가 발생하나요?

A 근로기준법 제60조에 의한 연차 유급휴가의 산정에 있어서는 사용자의 귀책사유로 인한 휴업기간은 출근율 계산의 기준이 되는 소정근로일수에서 제외하는 것이 타당한 것이므로 동 휴업기간을 제외한 잔여근로일수를 기준으로 출근율을 계산하여 연차 유급휴가의 발생 여부를 판단하여야 합니다(임금 32240-673, 1990.01.16. 등 다수 참조).

귀사는 발주 물량 저하로 근로자를 현장에 투입할 수 없을 경우 노사 간 단체협약에 따라 기본 1회(3개월)에 1회(3개월)를 연장하여 근로자를 '재택대기' 시키면서 본사 정액급여 80%를 지급하고 있으므로 이는 근로기준법상 사용자의 귀책사유로 인한 휴업기간으로 봄이 타당하다고 사료됩니다.

따라서 재택대기자의 연차 유급휴가는 연간소정근로일수에서 재택대기 기간 동안의 소정근로일수를 뺀 나머지 소정근로일수의 8할 이상 출근하였을 경우에 한하여 발생하며, 이러한 경우 연차 유급휴가 일수에 나머지 소정근로일수만큼 비례하여 연차 유급휴가를 산정하면 될 것으로 사료됩니다(근로개선정책과-2672, 2011.08.23.).

출근 안 하는 재택근무자의 연차 유급휴가 발생 여부

사례

Q 4대 보험에 가입하지 않은 정규직이며, 업무 특성상 출근은 안 하고 집에서 전화와 메일로 업무를 하는 직원이 있습니다. 근로계약서에는 매일 3시간씩 근로시간이 명시되어 있는데 연차가 발생하나요?

A 근로기준법 제2조에 '단시간근로자'란 1주 동안의 소정근로시간이 그 사업장에서 같은 종류의 업무에 종사하는 통상 근로자의 1주 동안의 소정근로시간에 비하여 짧은 근로자로서 매일 3시간 주5일 근무자라면 단시간근로자에 해당합니다. 즉, 1주 15시간 이상 40시간 미만 근로를 제공하는 자를 의미합니다.

사용자는 단시간근로자에게 같은 법 제60조에 따른 연차 유급휴가를 주어야 합니다. 이 경우 유급휴가는 다음의 방식으로 계산한 시간 단위로 하며, 1시간 미만은 1시간으로 봅니다(법 시행령 제9조).

$$\text{통상 근로자의 연차휴가 일수} \times \frac{\text{단시간근로자의 소정근로시간}}{\text{통상 근로자의 소정근로시간}} \times \text{8시간}$$

직위해제기간 교육훈련을 실시한 경우 연차 유급휴가 부여 여부

사례

Q 직원 중에 직무수행능력 등이 부족하다고 판단되어 직위해제를 시키고 직위해제기간에 직무능력을 향상시키기 위하여 교육훈련 등을 하도록 한 경우에는 그 기간을 결근 처리해야 하는지, 아니면 소정근로일수 계산에서 제외하는지, 아니면 소정근로일수 계산에는 포함하되 출근한 것으로 보아야 하나요?

A 사용자가 근로자를 직무수행능력 부족으로 직위해제한 이후 직무수행능력 향상을 위하여 특정장소에 출근케 하여 교육훈련을 받도록 지시한 경우에는 달리 볼 사정이 없는 한 교육기간을 출근한 것으로 인정함이 타당합니다(근로개선정책과-1766, 2012.03.14.).

휴업기간 연차 유급휴가 부여기준

사례

Q 호텔의 일부 객실 환경개선공사를 위해 6개월간 부분 휴업하게 되었습니다. 해당 소속 근로자들을 대상으로 휴직명령을 실시하였는데 휴업기간 발생 시 연차휴가 부여기준은 어떻게 되나요?

A 고용노동부 '연차 유급휴가 부여 등의 소정근로일수 및 출근 여부 판단기준'에 따라 '사용자의 귀책사유에 의한 휴업기간'은 '특별한 사유로 근로제공의무가 정지되는 날 또는 기간'으로 보아 휴업기간을 제외한 나머지 소정근로일수의 출근율이 80% 이상이면 연차 유급휴가를 부여하되, 연차 유급휴가 일수는 휴업기간을 제외한 나머지 소정근로일수와 연간 총소정근로일수의 비율에 따라 산정해야 할 것입니다(근로개선정책과-3190, 2013.05.30.).

격일제 근무자의 경우 월 만근일수를 정해 이를 기준으로 부여한 연차휴가의 적법성

사례

Q 한 달 30일을 기준으로 하여 월 13일을 월 개근으로 하고, 월 13일 × 12개월(= 156일)을 연간 소정근로일로 하고 있습니다.

격일제 근로제도상 13일을 월 개근으로 하고 있지만 각자의 순번을 다하게 되면 월 15일을 근로하게 되는데, 이런 이유로 볼 때 개인적인 사유로 인하여 월 개근을 하지 못하여도 1년에 대한 실근로일이 156일을 초과할 수도 있는바, 연차휴가 산정을 위한 연간 소정근로일에 대한 실근로로 산정하지 않고 월 개근 여부와 관련하여 연차를 산정하고 있습니다.

예를 들면 1년 중 11개월을 15일씩 근로하고 1개월을 10일로 근로하여 연간 실근로일수가 175일을 하였다 하여도 특정 월에 대하여 개근을 하지 못하였다고 하여 연차 산정에 개근하지 않은 것으로 산정합니다. 심지어 9개월 대하여 15일을 근무하고 3개월에 대하여 각각 12일을 근로하여 총실제근로일수가 171일이 되어 연간 소정근로일 156일을 초과하였음에도 3개월에 대하여 월 개근을 하지 못하였다는 이유로 연차휴가를 부여하지 않고 있습니다.

연간 소정근로일에 대하여 실근로일수로 연차휴가 산정을 하여야 되는 것으로 알고 있는데, 월 개근 여부를 따져 연차휴가를 산정하는 것이 법 위반인가요?

A 연차 유급휴가의 부여기준은 1년간 총소정근로일(법령의 범위 내에서 노사 당사자가

근로하기로 정한 날)의 출근율(8할 이상)을 기준으로 부여하며, 소정근로일수를 초과하여 근로를 제공한 날에 대하여는 초과근로수당 지급 등은 별론으로 하고, 연차 유급휴가의 부여기준이 되는 출근율 산정일수에는 포함하지 않습니다.

노사 간에 단체협약 등으로 정한 월 만근일수 13일을 정한 경우 이를 초과하여 근로한 날은 소정근로일이 아니므로 이를 제외한 총소정근로일수의 8할 이상 출근 여부에 따라 연차 유급휴가를 부여함이 타당할 것으로 사료됩니다(임금근로시간정책팀-2980, 2007.09.21.).

학교급식 조리종사원의 연차휴가 부여 여부

사례

Q 조리종사원 채용 시 2월부터 7월까지, 9월부터 12월까지 방학기간을 제외하고 매 학기마다 계약을 체결하여 연속해서 수년간 근무를 하였다면 연차휴가를 부여해야 하나요? 그리고 발생한 연차휴가를 미사용한 경우 미사용수당 지급방법은 어떻게 되나요?

A ▪ 방학기간을 제외하고 반복적으로 근로계약을 체결하였을 경우

반복적으로 근로계약을 체결한 전기간을 퇴직금 산정을 위한 계속 근로로 인정합니다. 다만, 근로계약을 체결하지 않고 실제 근로하지 아니한 방학기간은 퇴직금 산정을 위한 계속 근로 연수에서 제외합니다.

1년 중 일정기간 동안 계속 근로를 제공하지 아니한 공백기간(방학기간)이 있으므로 1년간 계속 근로로 보기 어려워 연차 유급휴가는 발생하지 않으나, 매월 소정근로일수 개근 여부에 따라 1일의 유급휴가가 발생되므로 매년마다 월 단위 연차 유급휴가를 부여하여야 할 것으로 사료됩니다(근기 68207-2029, 2000.7.4.; 임금근로시간정책팀-1672, 2007.05.01.).

▪ 방학기간을 포함하여 근로계약을 체결하였을 경우

근로계약을 체결하고 실제 근로하지 아니한 방학기간도 퇴직금 산정을 위한 계

속 근로 연수에 포함됩니다.

다만, 노사 당사자 간 '방학기간은 계속 근로기간에 포함하지 않는다.'는 특약이 있을 경우 동 특약도 유효하며 근로기준법 위반 문제도 발생하지 아니합니다.

연차 유급휴가는 1년간을 계속 근로한 경우(구舊 개근 또는 9할 이상 출근)에 발생함이 원칙이므로 1년 중 근로제공이 중단된 기간이 있는 경우 연차 유급휴가를 부여하지 않더라도 근로기준법 위반 문제는 발생하지 아니합니다(근기 68207-608, 1998.3.31.).

■ 연차 유급휴가미사용수당의 청구권은 근로자가 전전년도의 근로의 대가로 발생한 휴가를 전년도에 미사용한 경우 그 미사용 일수만큼 청구할 수 있는 권리로서 연차 유급휴가청구권(1년)이 소멸된 시점에 발생합니다(임금근로시간정책팀-1672, 2007.05.01.).

직장폐쇄기간(적법 또는 위법) 연차휴가 발생 여부

사례

Q 사용자의 직장폐쇄기간이 위법한 경우와 적법한 경우에 연차휴가 부여를 위한 출근율 산정은 어떻게 하나요?

A 다음의 판례를 참고하면 됩니다.

판례

- 사용자의 적법한 직장폐쇄로 인하여 근로자가 출근하지 못한 기간은 원칙적으로 연차휴가 일수 산정을 위한 소정근로일수에서 제외되어야 한다(대법 2013도7896, 2017.07.11.).
  다만, 노동조합의 쟁의행위에 대한 방어수단으로서 사용자의 적법한 직장폐쇄가 이루어진 경우, 이러한 적법한 직장폐쇄 중 근로자가 위법한 쟁의행위에 참가한 기간은 근로자의 귀책으로 근로를 제공하지 않은 기간에 해당하므로 연간 소정근로일수에 포함시키되 결근한 것으로 처리하여야 한다(대법 2015다66052, 2019.02.14.).
- 사용자의 위법한 직장폐쇄로 인하여 근로자가 출근하지 못한 기간을 근로자에 대하여 불리하게 고려할 수는 없으므로 원칙적으로 그 기간은 연간 소정근로일수 및 출근일수에 모두 산입되는 것으로 보는 것이 타당하다. 다만 위법한 직장폐쇄 중 근로자가 쟁의행위에 참가하였거나 쟁의행위 중 위법한 직장폐쇄가 이루어진 경우에 만일 위법한 직장폐쇄가 없었어도 해당 근로자가 쟁의행위에 참가하여 근로를 제공하지 않았을 것이 명백하다면, 이러한

쟁의행위가 적법한지 여부를 살펴 적법한 경우에는 그 기간을 연간 소정근로일수에서 제외하고, 위법한 경우에는 연간 소정근로일수에 포함시키되 결근한 것으로 처리하여야 할 것이다.

이처럼 위법한 직장폐쇄가 없었다고 하더라도 쟁의행위에 참가하여 근로를 제공하지 않았을 것임이 명백한지는 쟁의행위에 이른 경위 및 원인, 직장폐쇄 사유와의 관계, 해당 근로자의 쟁의행위에서의 지위 및 역할, 실제 이루어진 쟁의행위에 참가한 근로자의 수 등 제반 사정을 참작하여 신중하게 판단하여야 하고, 그 증명책임은 사용자에게 있다(대법 2015다66052, 2019.02.14.).

노조전임자의 연차휴가 부여 여부

사례

Q 노동조합의 전임자도 연차가 발생하나요?

A 노조전임자로서 근로제공의무를 완전히 면제받고 있고, 연차 유급휴가 산정대상 기간 전체가 노조전임기간이라면 연차 유급휴가가 발생하지 않는다고 사료됩니다 (근기 68207-2649, 2002.08.05.).

판례

■ 노동조합의 전임자는 사용자와의 사이에 기본적 노사관계는 유지되고 근로자로서의 신분도 그대로 가지는 것이지만 근로제공의무가 면제되고 사용자의 임금지급의무도 면제된다는 점에서 휴직상태에 있는 근로자와 유사하다. 이러한 노조전임자 제도가 단체협약 또는 사용자의 동의에 근거한 것으로 근로자의 단결권 유지 강화를 위해 필요할 뿐만 아니라 사용자의 노무관리업무를 대행하는 성격 역시 일부 가지는 점 등을 고려하면, 노조전임기간 동안 현실적으로 근로를 제공하지 않았다고 하더라도 결근한 것으로 볼 수 없고, 다른 한편 '노동조합 및 노동관계조정법' 등 관련 법률에서 출근한 것으로 간주한다는 규정 역시 두고 있지 않으므로 출근한 것으로 의제할 수도 없다.
결국 근로제공의무가 면제되는 노조전임기간은 연차휴가 일수 산정을 위한 연간 소정근로일수에서 제외함이 타당하다. 다만, 노조전임기간이 연차휴가 취득 기준이 되는 연간 총근로일 전부를 차지하고 있는 경우라면, 단체협약 등에서 달리 정하지 않는 한 이러한 노조전임기간에 대하여는 연차휴가에 관한 권리가 발생하지 않는다.

위와 같이 연간 소정근로일수에서 노조전임기간 등이 차지하는 일수를 제외한 후 나머지 일수만을 기준으로 근로자의 출근율을 산정하여 연차휴가 취득요건의 충족 여부를 판단하게 되는 경우, 연차휴가 제도의 취지, 연차휴가가 가지는 1년간의 근로에 대한 대가로서의 성질, 연간 소정근로일수에서 제외하지 않고 결근으로 처리할 때 인정되는 연차휴가 일수와의 불균형 등을 고려하면, 해당 근로자의 출근일수가 연간 소정근로일수의 8할을 밑도는 경우에 한하여, 본래 평상적인 근로관계에서 8할의 출근율을 충족할 경우 산출되었을 연차휴가 일수에 대하여 실질 소정근로일수를 연간 소정근로일수로 나눈 비율을 곱하여 산출된 연차휴가 일수를 근로자에게 부여함이 합리적이다(대법 2015다66052, 2019.02.14.).

적법한 쟁의행위기간 중 연차휴가 발생 여부

사례

Q 중앙노동위원회의 조정절차를 거쳐 합법적인 쟁의행위를 하면 연월차휴가를 적용해야 하나요?

A 다음의 행정해석을 참고하면 됩니다.

행정해석

- 노동조합 및 노동관계조정법에 의한 적법절차에 의거 정당한 쟁의행위가 행하여진 경우 근로기준법상의 월차휴가는 쟁의행위기간을 제외한 나머지 근로일수에 대한 출근율에 따라 산정하고 연차휴가는 적법한 쟁의행위기간을 제외한 나머지 소정근로일수에 대한 출근율에 따라 산출된 일수에 당해 사업장의 연간 총소정근로일수에 대한 출근일수 비율을 곱하여 산정하여야 합니다. 다만, 쟁의행위기간이 월의 전부, 연의 전부에 해당될 때에는 휴가를 부여할 의무가 없습니다(근로기준과-2373, 2005.04.29.).
- 근로기준법상에는 실질 소정근로일에 따라 비례적으로 연차휴가권이 성립한다는 규정이 없으나, 연차 유급휴가제도의 취지 등을 고려할 때 쟁의행위기간을 제외한 나머지 소정근로일수의 출근율이 80% 이상이면 연차 유급휴가를 부여하되, 연차 유급휴가 일수는 쟁의행위기간을 제외한 나머지 소정근로일수와 연간 총 소정근로일수의 비율에 따라 산정하는 것이 타당합니다(근로개선정책과-2402, 2013.04.18.).

합병(포괄승계)에 따른 연차휴가 부여 여부

사례

Q 당사가 B라는 회사와 합병을 하였습니다. 합병하면서 모든 직원은 B회사에 신규 임용되었는데 올해에는 연차가 없다고 합니다.

신규 임용으로 되면서 기존에 있던 직원들에게 연차를 하루도 주지 않는 것이 타당한가요?

A

- 회사의 합병이란 두 개 이상의 회사가 상법의 규정에 따라 청산 절차를 거치지 않고 하나의 회사가 되는 법률사실을 말합니다. 상법 제235조에 의하면 '합병 후 존속한 회사 또는 합병으로 인하여 설립된 회사는 합병으로 인하여 소멸된 회사의 권리의무를 승계한다.'고 규정하고 있으므로 합병회사는 피합병회사가 근로자에 가졌던 권리와 의무를 포괄적으로 승계한다고 볼 수 있습니다.

  질의의 내용은 근로하던 회사가 타 회사에 합병되어 합병회사에서 기존 피합병회사의 근로자를 신규채용형태로 채용한 것이 타당한지에 대한 것으로 판단되는바, 구체적인 사실관계를 확인할 수 없이 정확은 답변은 곤란하나, 형식적으로 합병회사에서 신규채용형태로 취하였디하디라도 실질적으로는 피합병회사의 인적·물적 변동 없이 기업합병이 이루어졌다면 근로관계도 포괄적으로 승계하여야 할 것으로 사료됩니다.

  위와 같이 합병에 의하여 근로관계가 승계되는 경우에는 피합병회사와 근로자 간 근로계약상의 지위가 합병회사에 그대로 포괄적으로 승계되는 것이므로 별도의 정함이 없는 한, 임금이나 근로시간 등 모든 근로조건은 종전과 동일하고 계속 근로 연수에 따른 연차 유급휴가 가산일수 산정에서 합병에 관계없이 피합병회사의 근속기간을 합산하여 계산하여야 할 것입니다(같은 취지 : 대법 93다1589, 1994.03.08.)(임금근로시간정책팀-1193, 2006.05.29.).

■ 근로자를 포괄승계한 경우에는 종전의 근로계약상의 지위가 그대로 승계되는 것이므로 포괄승계 당시 또는 포괄승계 후 연차 유급휴가에 관해 통합된 취업규칙의 제정 또는 변경을 통하여 근로자들의 근로관계 내용을 단일화하기로 변경조정하는 새로운 합의가 없는 한 해당 근로자들이 적용받았던 기존 회사의 종전 취업규칙 내용이 그대로 적용됩니다(근기 68207-3230, 2000.10.19.).

근로시간 면제자의 연차휴가 발생 여부

사례

Q 근로시간 면제제도를 도입하여 조합원 수에 따른 근로시간 면제한도는 3천 시간입니다. 회사는 노조와 합의하여 풀타임 근로시간 면제자 1명(2천 시간), 파트타임 근로시간 면제자 1명(1천 시간)을 인정하는 것으로 합의하였습니다.

다만, 파트타임 근로시간 면제자의 경우 근로시간 면제한도 시간 이외의 부분(1천 시간)은 노조가 자체적으로 급여를 지급하는 것으로 부분 무급전임을 인정하였는데 근로시간 면제자의 연차휴가 일수 산정방법은 어떻게 하나요?

A 근로시간 면제자는 노동조합 및 노동관계조정법 제24조 제4항에 따라 단체협약이나 사용자의 동의에 의해 근무시간 중에 근로계약 소정의 업무를 면제받고 근로시간 면제 대상 업무를 수행할 수 있도록 지정된 자로서 휴가 등에 대해서는 노조전임자와 달리 일반 근로자에 준하여 사업장 내 관련 규정 및 노사 간 협의를 통해 자율적으로 정하면 될 것입니다.

부분전임자이면서 파트타임 근로시간 면제자는 소정의 근로의무를 면제(부분전임 및 근로시간 면제)받기 때문에 원칙적으로 근로기준법상 연차휴가가 발생하지 않습니다.

다만, 근로시간 면제 없이 정상적으로 근로했다면 받을 수 있었던 연차휴가(전체 근로시간 대비 근로시간 면제시간에 비례하여 결정)에 상당하는 급여를 지급하더라도 부당노동행위로 보기는 어려울 것입니다(노사관계법제과-1167, 2011.07.01.).

일용직 근로자의 연차휴가 발생 여부

사례

Q 1개월 개근 시 발생하는 연차휴가는 일용근로자의 경우 근로계약서를 1개월로 작성하였다면 며칠 이상 근무하면 개근인가요?

A 다음의 행정해석을 참고하면 됩니다.

행정해석

- 일용직이라도 근로계약서에 1일 소정근로시간 및 소정근로일이 명시되어 있으므로 소정근로일을 개근한 경우 월 단위 연차휴가 1일을 부여하면 됩니다(고용노동부 상담센터, 2018.10.19.).
- 연차휴가는 상시근로자 5인 이상의 사업장에서 1년간 80% 이상 출근한 근로자에게 15일의 유급휴가를 부여하기 때문에 매월 비정기적으로(8월 10일, 9월 20일, 10월 25일 등) 1년 이상 근무한 일용근로자의 연차는 발생하지 않습니다(고용노동부상담센터, 2017.11.02.).
- 일용근로자라 함은 근로계약을 1일 단위로 체결하고 그날의 근로가 끝나면 사용종속관계도 종료되어 계속 근로기간이 단절되는 것이나, 일용근로자라 하더라도 같은 형태로 계속 반복하여 사용하였을 때에는 통상 근로자와 같이 휴일 및 휴가가 발생됩니다.
  일용근로자인 탁송기사가 계약을 반복적으로 체결하여 상태적으로 1년간 계속 근로한 경우에는 일반 근로자와 마찬가지로 소정근로일에 대한 출근율에 따라 연·월차유급휴가 발생

유무가 결정될 것입니다. 사업장 내 단체협약·취업규칙 등에서 탁송기사의 소정근로일을 별도로 정하지 아니하였다면 통상 근로자의 소정근로일을 기준으로 하되, 근로를 제공하기로 약정하지 아니한 기간은 소정근로일수에서 제외하여야 할 것입니다.

이 경우 연차 유급휴가 일수는 근로를 제공하지 아니한 기간을 제외한 '나머지 소정근로일수'에 대한 출근율에 따라 산출된 일수에 당해 사업장의 연간 총소정근로일수에 대한 위의 나머지 소정근로일수 비율을 곱하여 산정하여야 합니다.

월차 유급휴가는 연차 유급휴가와 같이 달리 해석할 수 있는 기준이 별도로 정해진 바가 없으므로 사업장내 통상 근로자의 월소정근로일수를 기준으로 일용근로자가 개근한 달에 대해서만 부여하면 될 것입니다(근로개선정책과-1870, 2012.03.20.).

학습근로자의 연차휴가 발생 여부

사례

Q 학습근로자에게도 연차휴가가 발생하나요?

A 학습근로자는 근로기준법에 따른 근로자이므로 연차 유급휴가, 휴게, 근로시간 등 근로조건에 관한 사항에 대하여 사업장 내 일반 근로자와 동일한 사항을 적용받습니다.

사업주는 학습근로자가 1년간 80% 이상 출근한 경우 근로기준법 제60조에 따라 15일의 연차 유급휴가를 주어야 하며, 계속 근로기간이 1년 미만인 학습근로자에 대해서는 1개월 개근 시 1일의 유급휴가를 주어야 합니다.

관련 규정 및 법규

- 일학습병행 운영 및 평가규정 제2조

제2조(정의) 이 고시에서 사용하는 용어의 뜻은 다음과 같다.

3. '학습근로자'란 근로기준법 제2조 제1항 제1호에 따른 근로자로서 학습기업의 사업주에게 고용되어 근로를 제공하면서 일학습병행을 제공받는 사람을 말한다.

- 근로기준법 제60조(연차 유급휴가) 제1항, 제2항

① 사용자는 1년간 80% 이상 출근한 근로자에게 15일의 유급휴가를 주어야 한다.

② 사용자는 계속하여 근로한 기간이 1년 미만인 근로자 또는 1년간 80% 미만 출근한 근로자에게 1개월 개근 시 1일의 유급휴가를 주어야 한다.

(한국산업인력공단본부 능력개발이사 일학습지원국 일학습기획부, 2019.05.29.)